N° ISBN : 978-2-322-08257-5

Editeur : Bod-Books on demand
12/14 rond point des Champs Elysées
75008 PARIS   France

Impression : BoD-Books on demand
Norderstedt Allemagne

Dépôt légal : octobre 2017

Georges DEMORTIERE en 1915

PROLOGUE

A travers la correspondance que ce soldat a entretenu avec sa famille tout au long de ses 4 années de guerre, c'est le récit tragique du parcours de soldat de mon grand-oncle né en 1896, tragédie qu'ont vécu des dizaines de milliers d'autres jeunes gens de sa classe d'âge dans une aventure imposée et mortelle.

Incorporation fin 1914. Classe 1916. Georges DEMORTIERE, fils d'un quincailler de Tournus et frère de ma grand-mère Marguerite COLAS décédée en 2003 à l'âge de 103 ans. Cette dernière m'a confié les lettres que ce soldat adressait à sa famille presque quotidiennement, témoignage au jour le jour de 4 ans d'enfer; j'ai choisi de les retranscrire dans leur intégralité pour que la famille garde la mémoire de ce destin tragique. Ce devoir de mémoire m'a donné toute l'énergie nécessaire à l'aboutissement de ce projet.

Mon arrière-grand-mère, Françoise Demortiere, née Miard, dite « Fanny », mère du soldat, a vécu ses dernières années chez mes grand-parents maternels, et je l'ai donc bien connue jusqu'à son décès en 1969 à l'âge de 94 ans ; cette femme, d'une gentillesse extrême, lisait chaque soir l'une des lettres de

4

son fils disparu en 1918; c'est sans doute de cette époque que vient mon intérêt pour l'histoire de ce conflit; de plus, lors des séjours chez mes grand-parents paternels, je me plongeais des heures entières dans les gros volumes reliés de « l'Illustration », consacrés à la « grande guerre » tout à la gloire de l'armée française et de ses poilus, sans trop de soucis de la vérité historique comme je l'appris bien plus tard.

L'incorporation de Georges DEMORTIERE est survenue alors qu'il était étudiant à l'école pratique de commerce et d'industrie de Cluny, avec pour projet la poursuite de l'activité paternelle de quincailler dans cette bonne ville de Tournus.

Il est incorporé comme téléphoniste au 167ème régiment d'infanterie; c'est une activité très exposée et dangereuse; leurs missions est d'installer les lignes de communication qui, à l'époque, étaient filaires; ils devaient assurer incessamment le déplacement des lignes, selon le mouvement des troupes ou leur réparation, les lignes étant régulièrement détruites, en particulier par l'artillerie; ils s'exposaient ainsi en terrain découvert aux tirs ennemis.

*Sur les **420** lettres ou cartes en ma possession, quelques-unes ne sont pas datées ; d'autres, assez nombreuses, comportent des mots que je n'ai pu déchiffrer. La plupart sont écrites au crayon, sur du papier de fortune, dans des conditions précaires évidentes, souvent en partie effacées.*

Le service postal des armées fonctionnait assez bien, le courrier étant le seul moyen pour le soldat de garder le contact avec sa famille; les autorités militaires avaient parfaitement compris le rôle essentiel du courrier pour le moral des troupes.

Dans un premier temps j'ai procédé au classement chronologique de ces lettres, puis je les ai déchiffrées et transcrites une à une, en apportant si nécessaire des commentaires ou explications glanées sur internet ou dans des revues spécialisées. Ces apports personnels sont transcrits en italiques.

5

Si le contenu de ces lettres peut nous paraitre le plus souvent anodin, voire même superficiel et sans grand intérêt sur le plan purement militaire, gardons à l'esprit que l'auteur n'était pas un littéraire et que le temps se prêtait assez peu à l'écriture ; ces lettres sont un témoignage au jour le jour des conditions de vie des soldats et de leurs préoccupations quotidiennes, non dénuées de touches d'humour ; par ailleurs, le courrier des poilus était sévèrement censuré, ce qui explique la grande difficulté que j'ai rencontré à suivre l'itinéraire de son régiment ; malgré tout, grâce à Internet, le parcours du 167ème RI peut être retrouvé approximativement tout au long de la guerre.

J'ai choisi de les transcrire, autant que possible, dans leur intégrité pour rester fidèle au témoignage qu'elles apportent sur les conditions de vie du poilu.

J'ai respecté autant que faire se peut le vocabulaire, la syntaxe et la ponctuation, parfois assez éloignées des règles académiques... Gardons toujours à l'esprit les conditions de leur écriture.

Des photos de lettres sont reproduites en fin d'ouvrage.

Année 1915

NDLR : L'année 1915 voit le 167ème RI participer aux batailles de la plaine de Woevre (de janvier à septembre) puis Saint Mihiel, le bois d'Ailly, Vaux-Ferry, La louvière ; 500 hommes sont mis hors de combat. Puis combats en Champagne (de septembre à Décembre) : butte de Tahure, Ouest de Tahure

Pour Georges Demortiere, c'est d'abord une année d'instruction à la caserne Carnot de Chalon-sur-Saône. Puis Il est à proximité de Verdun ; dans sa lettre du 5 janvier 1915, il évoque ses nombreux compagnons blessés et aux pieds gelés ; il déplore ses conditions d'installation mais les préfère à la cote 321 du poivre ferme. Il écrit à ses parents avoir déjà écrit une lettre de Verdun la veille, mais l'avoir perdu, ce qu'il juge préférable...On peut penser que cette lettre décrivait l'effroi de son premier contact avec la guerre, surtout qu'il se trouvait à Verdun, quand l'armée française affrontait les furieux assauts allemands.

Bien que téléphoniste il passe beaucoup de temps à creuser des tranchées ; lettres anodines avec des demandes soit de colis, soit d'argent. En tout cas, dans chacune de ses lettres, sa préoccupation essentielle est de rassurer ses parents : « ne vous en faites pas je vais toujours très bien je suis au poil etc. et toujours également prenez soin de vous, soignez-vous bien.

L'équipement du poilu de 1914 n'est pas des plus modernes : le képi modèle 1884 est en toile et cuir, d'une protection nulle contre les balles ou les éclats d'obus ; de couleur rouge, très voyante, il est rapidement recouvert d'un couvre képi en cretonne bleue, plus discret mais tout aussi inefficace. Le casque en acier, modèle Adrian, fut adopté dans l'urgence en 1915 alors que 77% des blessures des poilus étaient localisées à la tête, pourcentage tombant à 22% en 1916 après son adoption généralisée.

La capote en drap de laine bleuté, lourde et encombrante, était chaude en été et non imperméable.

Le pantalon rouge garance habillait les soldats depuis 1870.

Les brodequins à lacets et semelles cloutées n'étaient pas étanches alors que les soldats allemands bénéficiaient de bottes en cuir.

8

Le havresac en toile sur une armature en bois, était très inconfortable et ne pesait pas moins de 30 kg ! handicap évident lors des longues marches, alors que le paquetage du soldat allemand ne pesait que 15kg.

Le fusil français Lebel 1886 révisé 93 avait le défaut d'être lent à recharger alors que le Mauser Gewehr 88 allemand possédait un chargement rapide par la culasse.

Enfin, les Français avaient privilégié l'artillerie légère de campagne (le fameux 75) au détriment de l'artillerie lourde ; dès le début du conflit, les troupes françaises ont subi de lourdes pertes du fait de l'artillerie lourde allemande déployée en grand nombre.

5 janvier 1915 :
Chers parents, merci de votre colis je vous en remercie sincèrement de me gâter comme cela. J'ai reçu la lettre de la maman. Bien entendu je me fais laver. J'ai reçu les 2 colis de franchises et titres que vous m'avez envoyés du reste je vous l'ai déjà dit pour le 1ᵉʳ, sur mes dernières lettres (*ces premières lettres ne sont pas en ma possession*). Je suis en bonne santé pour le moment. Les signaleurs apprennent l'alphabet morse ; rien nouveau à vous dire pour le moment ; il pleut toujours sans discontinuer mais il ne fait pas froid pour la saison. Soyez tranquilles je vous demanderai de l'argent mais pas pour le moment je n'ai certainement pas dépensé 10 Fr. depuis que je suis ici ; je préfère pour le moment un colis de temps en temps à l'argent.
Je termine en vous embrassant bien tous très fort

6 janvier 1915 :
Chers parents je suis en excellente santé pour le moment mais reste à peu près le seul de la région. Bury, Buchillet : pieds gelés, Brusson évacué pour maladie, Charpy blessé : 1 éclat à

9

la fesse, 1 à la cuisse et 1 au bras, Bardet évacué pieds gelés. Il ne reste que Erny et je ne l'ai pas encore pu voir. Fritz et la flotte nous ont eu le poêle ce coup-ci ; je suis au repos dans un petit patelin à 30 km de Verdun depuis hier où nous sommes arrivés en auto. Je souffre toujours des pieds et nous sommes tristement installés mais c'est mieux que la cote 321 et du poivre ferme.

NDLR : *la cote du poivre est située à Louvemont, l'un des 9 villages entièrement détruit, jamais reconstruit et déclaré officiellement mort pour la France.*

Je me rappellerai de ce coin-ci. Je vous ai écrit hier de Verdun mais j'ai perdu la lettre et puis il vaut autant que vous ne l'ayez pas reçue.
Bons baisers pour toute la famille

7 janvier 1915 :
Chers parents, merci de votre lettre qui me donne tant de nouvelles sur Tournus. J'ai reçu une lettre de Gabuteau, il me raconte tout le nouveau du jour. Je crois qu'il y a encore du nouveau avec Mesdames Goujon et Duchoix. Ici la vie est toujours calme, nous marchons tous les jours. J'apprends l'alphabet morse avec Charolais. Il se trouve à être signaleur avec moi dans la même section. J'ai reçu une carte de chez Mourgues Vincent et Bouillet. Aussi je suis plutôt acheté car la mère Bouillet me raconte qu'elle m'envoie des boîtes de caramel fabriqués par sa fille. J'en suis d'autant plus embêté que je connais sa générosité habituelle. Je vais en être pour une lettre de remerciements.
Je suis toujours bien portant. Le papa m'annonce qu'il remet 20 Fr. à Monsieur Grenet. Je n'en avais nullement besoin soyez tranquilles je vous demanderai quelque chose chaque fois que j'en aurai besoin, du reste je vous l'ai dit sur ma dernière lettre,

10

et puis, pour dépenser ici je crois qu'il faudrait s'enivrer mais comme ce n'est pas dans mon habitude je n'éprouve pas le besoin de gaspiller de l'argent.

Je termine en vous embrassant tous 3 bien fort, votre fils affectueux

9 janvier 2015 :
Chers parents, je viens de recevoir la lettre de la maman, mais je vous défends bien d'envoyer la lettre en question. J'en serai pour le fallot (conseil de guerre). Il est absolument défendu de faire des réclamations individuelles au ministère. Toutes les demandes doivent se faire par voie hiérarchique : caporal, sergent, adjudant, Commandant de compagnie, commandant de bataillon etc.…

Surtout n'envoyez pas la lettre, je ne vais pas vivre avant d'avoir reçu la réponse comme quoi elle n'est pas partie.

Actuellement signaleurs et téléphonistes suivent le même peloton aussi dès que les téléphonistes seront en possession des appareils qu'ils n'ont pas encore actuellement je vais renouveler ma demande moi-même au commandant de compagnie et je pense avoir satisfaction, mais ne vous occupez de rien surtout. Non seulement la lettre ne serait pas accueillie mais je serai certainement passé au conseil. Ça ne blague pas.

(Je n'ai malheureusement aucun renseignement sur cette fameuse lettre qui n'avait pas l'air de l'enthousiasmer, c'est le moins que l'on puisse dire…)

Je vais toujours bien pour le moment. Aujourd'hui dimanche, nous avons creusé des tranchées toute la journée. Demain nous passons la revue du général DUBAIL. *(1851-1934 ; en 1915 il est commandant du groupe d'armées de l'est, dans le secteur de Verdun ; il signale dès Juillet 15 l'insuffisance des défenses des forts en artillerie ; admis à la retraite en 1916)*

Rien de nouveaux à vous dire en attendant de vos nouvelles.

Votre fils qui vous embrasse tous bien fort

19 janvier 1915 :
Chers parents, je suis en bonne santé pour le moment toujours dans mon petit coin assez tranquille pour le moment. Voilà 2 jours qu'il n'a pas neigé aussi nous sommes assez tranquilles pour le moment. J'ai reçu les 5 Fr. de la maman qui s'est aperçue qu'elle les avait oubliés, et la lettre du papa du 15.
Pas grand nouveau, nous avons toujours pas mal de neige et gare au dégel. J'ai de la chance d'avoir des câbles comme fils car sans cela les éboulements arrivent déjà à me couper des fils de 12 mm aussi si nous avions du petit fils de 2, je crois que les lignes ne vivraient pas longtemps. Enfin nous ne sommes pas trop à plaindre dans ce coin mais il nous faut encore une huitaine de jours pour être installé complètement et avoir à peu près ce que nous aurons besoin. Je termine en vous embrassant tous bien fort, votre fils.
PPS : j'ai reçu des nouvelles de Charolais et de sa mère.

22 janvier 1915 :
Chers parents, je viens de recevoir votre colis et je vous remercie de me gâter comme cela. Je suis content de savoir que vous faites encore de la vente. D'après la lettre de papa je vois que vous avez peur que je ne me soigne pas assez. Mais vous pouvez être tranquille à ce sujet. Je ne suis du reste pas à plaindre tant que je serai ici.
J'ai été piqué pour la 5e fois aujourd'hui contre la typhoïde ; ce qui me console c'est que je vais être piqué encore 2 ou 3 fois. Je n'ai pas à me plaindre car je ne suis pas trop malade et je pense dormir tranquillement cette nuit pour être remis complètement demain soir. Aussi il est rare que je prenne un jour la typhoïde.
Je viens d'être changé d'escouade car j'étais trop grand pour être à la 12e, aussi je passe à la 9e toujours comme chef

d'escouade et Charolais à la 12ᵉ étant dans les petits. Cela m'embête car je quitte tous les copains et je vais tomber dans un cantonnement bien plus mauvais que le mien. Enfin je pense que je m'y serais vite habitué. Je termine en vous embrassant tous de tout cœur votre fils

26 janvier 1915 :
On marche le matin avant le jour, on rentre après la nuit, et on remarche la nuit ; on n'en perd les jours à force de marcher. Aussi, j'ai trouvé une bonne femme que j'ai supplié qu'elle me garde 1 l de lait tous les soirs que je partage pour le lendemain matin.

30 janvier 1915 : piqué (vacciné) pour la sixième fois contre la typhoïde ; nous marchons toujours autant ; J'ai touché un casque aujourd'hui il ne me manquait plus que cela.

12 février 1915
Chers parents, je viens de recevoir la lettre désolante du papa, aussi je m'empresse d'y répondre. Je vous ai demandé de la teinture d'iode parce qu'un soldat en a toujours besoin. Je me porte très bien pour le moment et par le temps qu'il fait il y a longtemps que je serais malade si j'étais à Tournus. Seulement les soldats n'attrapent rien. Il m'est juste arrivé de me blesser au talon pendant une marche avec des chaussettes sans talons. (Mais ne m'envoyez pas de chaussettes pour cela). Aussi c'est pourquoi je vous ai demandé de la teinture d'iode mais pas du coton. Enfin je vous dis de ne pas vous faire de mauvais sang pour le moment nous sommes relativement bien. Il ne nous manque qu'un poêle mais on s'est calfeutré et nous ne sommes pas mal dans notre lit au milieu du foin. Il y a encore une

13

différence avec les tranchées. J'ai cassé le ressort de remontoir de ma montre, aussi je vais tacher de la faire ranger et si je ne peux pas je vous l'enverrai avec mon caleçon en tricot.

Soyez tranquilles et ne vous faites pas de mauvais sang (terme de poilus)

Ne vous frappez pas.

Je termine en vous embrassant tous bien fort, votre fils

28 février 1915 :
Prépare sa permission de dimanche dans sa famille à Tournus, avec son copain CHAROLAIS. Demande de préparer son vélo pour faire l'aller-retour (Chalon Tournus, environ 30 km).

13 mars 1915 :
S'est blessée un doigt en sautant dans une tranchée pendant un exercice.

14 avril 1915. Caserne Carnot.
Je suis équipé depuis hier, tout à neuf sauf la capote et le bourgeron bleu ainsi que la culotte rouge qui sont usagés, mais en bon état.

NDLR : *Il est stupéfiant qu'on fournisse encore des culottes rouges !*
Les culottes rouge garance faisaient partie de l'uniforme réglementaire de l'armée française en 1914, en dotation depuis 1829, très visibles, et qui auraient été responsables de nombreux tués lors de la première année de guerre. C'est du moins la théorie admise par la plupart des auteurs ou historiens de cette période ; en fait, cette théorie est probablement fausse : en effet, les soldats français portaient une grande veste bleu, qui recouvrait les jambes jusqu'aux genoux et masquait donc une grande partie de ce pantalon rouge ; par ailleurs, et c'est l'argument à mon sens le plus fort,

14

les soldats allemands qui portaient des uniformes beaucoup moins voyants (vert-gris) ont eu un nombre de tués équivalent, pendant cette période de début de la guerre.

Il faut savoir que 40% des morts français de la grande guerre sont tombés pendant les 5 premiers mois du conflit. 70% furent tués par éclats d'obus ou balles de mitrailleuse (action à longue distance) et bien plus rarement par balles, tirées de fusils individuel (action à courte distance), ce qui contredit encore la thèse de la responsabilité du pantalon rouge.

16 avril 1915 :
Toujours au camp de Chalon caserne Carnot. Je vois des camarades partir pour le front.

Probable petite inquiétude toujours masquée par le « ne vous faites pas de bile pour moi »

19 avril 1915 :
Consignés dans leur chambrée ; vie de chambrée : accordéon, bataille de polochons. Exercice physique : sauts de murs etc.…

21 avril 1915 :
Toujours les exercices épuisants de sauts de murs. Il n'y a que les malades qui se portent bien car ils ne font pas d'exercice ; la fatigue des jambes n'est rien, mais c'est le ventre, on se le tient tous, on dirait qu'on a reçu un coup de baïonnette et qu'on empêche les intestins de sortir. Ce soir, on est gâté car nous venons de toucher la paye : quatre sous et un paquet de tabac pour sept jours…

25 avril 1915 : Première manœuvres avec le fusil

26 avril 1915 :

Vaccination contre la typhoïde : je pensais pouvoir sortir en ville mais comme ils piquent derrière l'épaule je ne peux presque plus remuer le bras gauche.

Vous m'enverrez le livre de théorie de Jules car Keffer m'a fait marquer dans les élèves cabo

27 avril 1915 : caserne Carnot.

Suite de vaccinations : la fièvre m'a rendu assez malade cette nuit, le bras gauche est mort. C'est la tête qui me fait le plus souffrir… il y en a un dans la chambrée qui n'a pas encore pu se lever, il est malade comme un chien… Nous avons été 2 jours où nous avons littéralement crevé de faim, et si je n'avais pas eu à manger du chocolat, je ne sais pas comment j'aurais pu tenir debout.

Le métier nous abrutit à moitié.

2 mai 1915 :

J'ai reçu votre colis et ai été très étonné de ne pas recevoir mon vélo ; ce sera comme vous voudrez, en tout cas mettez-vous bien dans la tête que Charolais peut aller à Tournus tous les dimanches s'il le veut.

Quant à moi, je suis sous le régime de la communauté, c'est-à-dire que 99 fois sur 100 ma demande sera déchirée. Or comme j'ai encore une dizaine de dimanches à passer à Chalon, il est fort peu probable que je puisse aller à Tournus.

C'est comme le peloton, vous me faites rire quand vous me parlez d'être sergent. Je n'ai même pas l'intention de passer premier jus avant de partir. Vous avez voulu que je le suive, je vais le suivre. Comme avantage : il y a théorie de 11 heures à midi pendant que les autres se reposent, et impossibilité de sortir le soir, pour réciter de six à huit. Quant aux corvées il se peut qu'en temps de paix les élèves cabots en soient exempts, mais à l'heure actuelle, ils les font comme les autres.

Naturellement, je me réserve le droit de tout envoyer promener quand j'en aurai assez car il est bien rare que ce métier me plaise.

5 mai 1915 :
Vendredi : marche de 15 km. Aussi il y a extra et, chose qui soi-disant ne s'est jamais vue au régiment, nous allons toucher un quart de jus, 25 g de saucisson et 2 boules de pain, pour 30, avant de partir. Voyez si c'est chic !
Enfin l'essentiel est que l'on ne s'ennuie pas trop, il y en a toujours un pour faire rire les autres et presque tous les soirs on s'endort en musique, pour être réveillé à coups de polochons si on est de jus, ou par le clairon dans le cas contraire...

11 mai 1915 :
Retour de Tournus en vélo.
Je suis maintenant téléphoniste ; je fais 2 exercices par semaine. Si je peux partir au front, c'est un bon truc...
Hier, on a installé une ligne de 200 m et on l'a redémontée avant de partir ; on ne s'est rien cassé, seulement il faut apprendre à grimper aux arbres et à faire la courte échelle.
Nous avons enterré le deuxième mort de la compagnie. Il s'en enterre un aujourd'hui à la 25e et demain il y en aura deux de la 26e qui sont morts hier. Tous de la rougeole et de la fièvre muqueuse qui est due à l'action du vaccin contre la rougeole. Je pense que le cinquième va sûrement mourir aujourd'hui car il a une pleurésie et est au plus mal. Il y en a encore 25 à l'hôpital et une vingtaine à l'infirmerie. Ce matin ils étaient 46 à la visite.

23 mai 1915 :

Combines pour partir en perm : pendant mon absence il y a eu revue et les types de la chambrée ont répondu permissionnaire. Aussi je me propose de retourner à Tournus de cette manière dimanche prochain, c'est le meilleur filon…

C'est à partir de Juin 1915 que le 167ème est incorporé dans la 128ème division d'infanterie

1er juin 1915 :
La préoccupation pour son activité civile est toujours présente :

je viens de voir la bonne femme aux faucheuses… elle n'a plus de faucheuses aussi, elle écrit à Lyon et vous donnera réponse en même temps s'il peut en avoir et il vous donnera le prix par la même occasion avec la hausse.

Le peloton est formé d'hier et ça barde. Je vous assure que l'on fait des kilomètres de pas cadencé dans une journée. Hier nous avons été au tir et fait l'exercice jusqu'à cinq heures et huit heures du soir, en route 10 km et une heure de service de patrouilles et de sentinelle la nuit. On est rentré à 11h15 et, ce matin, à 5 heure nouveau départ et marche… le résultat a été que sur 78 qui étions au peloton lundi matin, nous restons 52, mais on va marcher dur jusqu'à ce qu'il n'en reste que 40… !

8 juin 1915 :
Toujours au camp de Chalon, en formation

10 juin 1915 :
C'est de mon écurie que je vous écris. Nous sommes partis hier avec armes et bagages et cantonnons à Saint-Gobain pour 15 jours à 3 semaines pendant que l'on désinfecte les casernes. On est logé sur la paille… passé la revue à 4 heures avec les treillis, que l'on venait de laver, sur le dos. Je suis logé sous les vitres et sous de la tôle galvanisée, aussi on y grille le jour et

avec nos treillis on y gèle le soir. Si vous venez dimanche, vous n'oublierez pas non plus de garnir mon porte-monnaie. J'en ai encore mais pas de quoi aller bien loin.
En attendant de vos nouvelles, je vous embrasse tous bien fort, votre fils.

17 juin 1915 :
Toujours à Saint-Gobain. Nous ne partons que dans 20 à 25 jours car il y a eu un nouvel examen des écuries par le général, et surtout parce qu'ils n'ont pas trouvé d'emplacement assez grand dans les environs pour nous loger. Aussi je crois que nous irons à Carnot au bout de notre stage. J'ai pris la garde dimanche soir de 5 heures à lundi soir 5 heures. J'ai fait 10 heures de service aussi j'en avais bien assez. 17 h à 19h, 23 h à 1h, 3 h à 5h, 11 h à 13h, 15 h à 17 heures. Ce matin nous sommes partis en marche à 3 heures pour rentrer à 10 heures, les cartouches à blanc pétaient de tous les côtés.
Faites-moi donc envoyer mon vélo avec le paletot gris et la casquette attachée sur le vélo, et j'irai à Tournus dimanche en vélo.

28 juin 2015 :
J'ai reçu votre paquet et vous en remercie bien pour tout ce qu'il contient. Je suis toujours pareil mais je suis peut-être moins enrhumé du cerveau, mais j'ai mal à la tête tout le temps. J'ai été à la visite hier et j'ai eu 2 jours exempts de service ; aussi tant que cela n'ira pas mieux, je vais continuer d'y aller. Je mange mes bicots et vais attendre que je sens le goût des aliments pour manger le pâté…

NDLR : *le terme bicot revient à plusieurs reprises dans ses lettres et correspond probablement à des biscuits secs, mais je n'ai trouvé aucune trace de ce terme sur Internet, ni dans aucun ouvrage.*

Carte postale du 29 juin 2015 :
Je vais mieux et marche aujourd'hui. Nous allons coucher à SENNECAY ou dans les environs jeudi soir et rentrons vendredi soir. On va se battre dans les environs de Sennecay. On ne parle plus de quitter Chalon.

6 juillet 1915 :
En rentrant dimanche, j'ai appris que j'avais été appelé aux consignés de dimanche ayant été à la visite le dimanche avant. Les noms ont été portés aux majors aussi, on est pistonné pour le front, seulement comme je suis des élèves cabot, je ne sais pas si il y peut grand-chose et puis partir à 1 mois ou 2 prêt c'est pas une affaire surtout pour se faire tuer comme JUGNY de LURCY le 4e jour de son arrivée. Alors, ça ne sert pas à grand-chose de partir 2 mois après les autres. Ce matin j'ai fait plus de 20 km de service en campagne, aussi on est rentré à 11 heures à la soupe et avec leurs nouveaux chargements de sacs j'ai pris quelque chose : 1 chemise, 1 flanelle, 1 caleçon, 2 mouchoirs, la culotte rouge, 1 complet treillis et 6 lapins (?) en fonte devant avec la couverture, les souliers et la gamelle dessus, en plus la pelle bêche, aussi le chargement du front correspond à peu près. Demain nous allons continuer les tranchées à Sainte-Marie. Aussi je commence à les savoir-faire. Heureusement que l'on ne s'en fait pas trop.

NDLR : *Le soldat de 14-18 garde toujours un contact avec l'arrière : la famille, les amis mais également il continue d'entretenir des relations professionnelles. Tout au long de la*

20

guerre il gardera un oeil sur les affaires de la quincaillerie familiale.

12 juillet 915 :
Chers parents, je viens de demander une permission de 8 jours pour la réparation des machines agricoles, aussi faites-moi parvenir le plus tôt possible une note du maire attestant que je suis utile pour la réparation des machines agricoles chez vous à Tournus. Le ministre de la guerre a donné ordre d'accorder une permission de 8 jours voyage compris à tous les cultivateurs ou métiers s'y attachant ; aussi je compte bien avoir la mienne, avec un billet du maire en règle.

15 juillet 1915 :
Je viens de recevoir une dépêche de Jules qui me dit qu'il ira à Tournus dimanche, aussi je ferai mon possible pour arriver de bonne heure. J'ai donné mon certificat, le type du bureau m'a dit qu'il était bon, aussi je pense avoir ma permission...

Probable permission entre le 15 et le 30 Juillet, ce qui explique l'absence de lettres pendant ces 15 jours.

31 juillet 1915 :
Toujours à l'entraînement avec grosse fatigue. Je rentre de marche assez fatigué aussi je ne sais comment j'ai le courage de vous écrire. Je suis toujours bien, mes pieds n'ont toujours pas bougé, je suis le seul de la tente mais comme chef de tente il faut que je donne l'exemple aux autres. Bien mieux, nous avons reçu l'ordre de disputer nos hommes qui se blessent, vous pensez que je m'en dispense car ils sont assez malheureux comme cela. On a touché ¼ de vin ce soir en rentrant, mais je crois que nous l'avons gagné, c'est le 1er depuis le 14 juillet et encore on l'a eu parce qu'on a trop rouspété toute la semaine.

Demain, nous avons une marche de nuit inscrite sur la progression, je ne sais s'ils auront le culot de nous la faire faire mais je crois que ce sera la 1re fois que ça se voit dans un régiment un samedi soir.

Nous sommes toujours consignés et, bien entendu, point de permission. Pour que nous les ayons il faudrait une protestation de la part de tous les parents au commandant de la place, aussi vous voyez que je doute que ça se fasse…

Comme il est fort rare que j'aille à Tournus, vous m'enverrez un colis avec des sous car je suis fauché (1,15 Fr.) heureusement que je vais toucher la paye demain, ce qui fera 31 sous car le mois a 31 jours.

Je devais partir en grandes manœuvres comme téléphoniste avec 5 de mes copains ; mais notre lieutenant va probablement partir au front demain, aussi nous allons peut-être y couper.

NDLR : *plus de lettres jusqu'au 25 août. Soit ces lettres ont été égarées soit il a pu obtenir une nouvelle permission, ce qui parait vraiment peu probable.*

25 août 1915 :
On passe l'examen des élèves cabot, je ne sais si je pourrais aller vous voir dimanche surtout qu'il y en a un qui a eu 10 jours de prison dimanche dernier…

Mon vélo est chez DAUVERGNE , la roue arrière était complètement voilée.

Votre fils qui vous embrasse tous bien fort.

30 août 1915 : bois de Menuse (*proche de Chalon sur Saône*)
Chers parents, j'ai fait bon voyage et malgré 1 course à travers champs avec charolais et son vélo, pisté par 1 adjudant et tandis qu'il était accroupi à droite de la garde barrière, nous l'avons contourné en passant dans les champs de Turcins (?) et

22

de patates pour traverser la ligne à la gauche tout en appliquant les principes du tirailleur ; aussi vous pensez si je riais quand je l'ai vu rentrer bredouille le pauvre juteux, tête baissée. Seulement une autre fois je n'irai pas me mettre dans ses pattes : il y en a 3 qui sont pincés, ils vont en être quittes pour 15 jours de prison car ils sont partis samedi avant l'appel.
Je verrai la maman cette semaine, elle regardera pour mon couvre képi mais il faut qu'il ait un volant d'environ 40 cm pour recouvrir les épaules car on a encore reçu la pluie tout le matin.

12 septembre 1915, 3h15 : chers parents, je suis toujours en excellente santé. Je suis en ligne depuis samedi et, ma foi, le boulot est toujours le même. Aussi je ne m'en fais pas plus qu'avant. Nous avons formé une équipe de travailleurs, mais je préfère être en ligne car au moins nous n'avons personne pour nous commander et sommes bien plus libres. Maintenant j'ai fabriqué un poêle avec des tôles et du fil de fer et je vous garantis qu'il tire ; nous touchons 5 kg de coke par jour, aussi nous avons largement de quoi nous chauffer, mais il gèle assez dur tous ces jours. J'ai vu Bardet et Herny.
Les Fritz ne sont pas trop méchants, à part les fusillades de nuit de temps en temps, mais c'est pour se réchauffer les doigts, aussi c'est plutôt la faute du temps que de la leur.

17 septembre 1915, bois de Menuse.
Chers parents, je viens d'être nommé chef d'escouade à la 15e, aussi je ne peux pas pouvoir aller vous voir dimanche car j'ai pas mal de boulot pour m'occuper de mes 20 poilus surtout qu'il y a revue dimanche.

23

30 septembre 1915 : bois de Menuse
Chers parents, je suis toujours en assez bonne santé, rien de nouveau pour mon affaire. Simone me dit de leur commander 2 Tarrares, 1 de 0.73 et 1 grand. Je pense que c'est à simple engrenage, et d'autres à double engrenage, aussi il faudrait les lui commander de suite et lui donner réponse pour les prix en lui disant qu'elle compte le transport qui doit être assez cher, pour renseigner son client. Jules doit passer le conseil des inaptes aussi il sera toujours heureux pendant 3 mois s'il peut y arriver. Comme je l'ai dit à la maman il me sera difficile d'aller à Tournus maintenant car j'ai pas mal de boulot et puis il faut que je sois partout pour présenter mes poilus.
Votre fils qui vous embrasse bien fort

30 septembre 1915 : camp de Ménuse

NDLR: *difficulté du cantonnement et départ probable pour le « bois le prêtre » ou une terrible bataille se déroule.*

Chers parents, j'ai reçu votre paquet hier, aussi il était bienvenu. Je pensais avoir mes 4 jours mais le lieutenant les a refusés à un clairon qui, comme moi, est rentré en retard et qui a plus de 6 mois de dépôt. Mais je crois que c'est fait exprès de me faire pincer le seul jour où je ne vais pas à Tournus. LAVALLEE m'a peut-être demandé, seulement il pourra certainement m'attendre longtemps car avec la chance que j'ai, il y a longtemps que je serai loin lorsque la demande arrivera au dépôt. J'ai un copain qui est parti la semaine dernière

24

exactement 3 mois après la demande, aussi où serais-je dans 3 mois, certainement au « bois le prêtre », mais pour revenir il ne faut pas y compter. Le 56 a quitté le bois Dailly pour le « bois le prêtre » ce qui fait qu'il se trouve vers la trouée de Nancy. Je crois que nous ne sommes plus très longtemps ici car on n'y peut plus tenir, ma tente se trouve en contrebas et, malgré la profondeur des fossés, l'eau nous envahit. Avant-hier il y en avait plus de 5 cm sous mon lit et elle est à peine filtrée.
Votre fils qui vous embrasse bien fort.

11 octobre 1915 camp de Menuse
Chers parents, je reçois à l'instant votre lettre, aussi je m'empresse d'y répondre. Je me porte très bien pour le moment. Il court pas mal de bruit actuellement. Enfin tous nos cadres partent : 3 lieutenants, 17 sergents, 5 adjudants, 10 cabots et 170 hommes. Le cycliste est parti demander s'il fallait en prendre dans la classe 16, mais s'il faut 170 hommes, les premiers vont sûrement partir du 56e pour « Perthes les Hurlus », pertes des derniers assauts de la butte de Tahure. En tout cas je suis le 300ème environ, aussi ce ne sera toujours pas pour cette fois. Si la maman vient vendredi, elle ne m'apportera pas de chocolat cette fois car j'en ai une livre (4 tablettes complète). Comme linge, 3 mouchoirs, mes gants et des chaussettes pas davantage ; des bicots.
Votre fils qui vous embrasse tous bien fort.

NDLR : *la bataille de Champagne , à l'automne 1915 a été un échec ; les troupes françaises n'ont pu atteindre la deuxième ligne de défense allemande, malgré une intense préparation d'artillerie et la prise de la butte de Tahure ; les pertes ont été énormes : 27851 tués, 98305 blessés et 56658 prisonniers ou portés disparus.*

12 octobre 1915 :

25

Je suis tout à fait emménagé (sic) actuellement, et je n'en suis pas fâché je vous assure. Je suis logé au poulailler sous les tuiles au 3ᵉ étage, mais là je serai tranquille et n'aurais pas à m'inquiéter pour les revues car c'est trop haut pour Messieurs les officiers... on dormira toujours mieux que sous les tentes... alors que nous étions toujours obligés de nous tenir assis sur nos lits dans nos tentes...

17 octobre 1915
Nous restons sous les tentes aussi je ne vois pas très pratique que vous veniez me voir, surtout que nous sommes consignés et qu'il nous faut une permission pour sortir.
C'est des chaussettes qu'il me manquerait plutôt mais j'en ai encore 2 paires propres. Je vais écrire à la mémé et lui dire de me faire un passe-montagne. Vous pourrez chercher mes gants et me les envoyer à la prochaine occasion.

NDLR : *il est très surprenant d'apprendre que les familles pouvaient rendre visite aux soldats, même tout près du front.*

24 octobre 1915 :
Chers parents excusez-moi de ne vous avoir écrit plus tôt mais j'ai tellement eu à faire cette semaine que je n'ai pu. Je me porte toujours la même chose.
Lundi dernier nous avons couché dans un pré à 3 km derrière le Bourgneuf et mardi matin nous nous sommes battus de l'autre côté de Saint-Léger sur Dheune. Aussi nous avons pris quelque chose. Mercredi soir nous avons eu une alerte et sommes partis à 22 heures alors que l'on roupillait tous comme des bienheureux. Heureusement nous n'avons pas été loin mais la nuit n'en a pas moins été foutue.

4 novembre 1915 :
J'ai fait un excellent voyage ; j'ai pris l'express à 0h20 et je suis arrivé à 0h50 mais nous avons été portés rentrant à 11h55. J'ai retrouvé tous les copains et mon plumard tout fait, aussi nous étions tous contents de nous retrouver. Seulement, voici le but de ma lettre. Il part des permissionnaires pour semailles, 2 détachements un du 15 au 30 et l'autre du 1er au 15 décembre. Faites-moi donc parvenir immédiatement 1 certificat en règle comme cultivateur… il y a pas mal de nouveau dans mon escouade. Le gars qui avait fait tant de prison est en prévention de conseil de guerre pour avoir abandonné son poste étant de garde dimanche. Les gendarmes enquêtent pour une bataille et c'est toujours un gars de la 15e qui a frappé un civil lundi d'un coup de baïonnette.
Embrassez la Guite et la mémé pour moi
PS : le certificat sans-faute urgence

6 novembre 1915 : Chalon
Chers parents je vous remercie de votre lettre et du certificat et ma foi, j'attends… je pensais aller garder des prisonniers boches blessés, mais il n'y a pas eu moyen. Enfin l'essentiel est que je suis toujours en bonne santé et ma foi je crois le 56 va perdre sa renommée si je pars en permission dans 15 jours, je crois que pour le coup, ce sera une véritable orgie
Votre fils qui vous embrasse tous bien fort

NDLR : *vient ensuite une série de cartes postales des armées, à peine lisibles, datées du 18 novembre au 6 décembre 1915. Ces cartes semblent être écrites à la va-vite lors d'un déplacement qui conduit son régiment sur la Meuse à « Demange aux eaux » (commune de la Meuse) et sans doute en zone de combat, ce qui ne lui laissait guère le loisir d'écrire de longues lettres.*

<u>7 décembre 1915</u> : chers parents je suis arrivé depuis 9h30 nous n'avons mis que 14 heures pour faire le trajet et avons débarqué par un beau soleil. Nous sommes avec le 134, j'ai cherché Georges mais ne l'ai pas vu aussi je ne pense pas qu'il soit ici car j'ai trouvé 2 Demortiere hier et pas lui mais il doit être aux 420. Je suis bien mieux que je ne l'aurais pensé et nous sommes 12 dans une grange mais sur un plancher au-dessus de la maison qui se trouve dessous. Les habitants nous disent que nous sommes ici pour 3 mois et puis nous aurons 5 ou 6 jours de repos avant de faire les marches. Aussi, vous voyez que vous pouvez être tranquille pour un moment.

Nous sommes à une trentaine de kilomètres de cours Murray aussi en prêtant l'oreille nous entendons la rumeur lointaine du canon mais sommes totalement à l'abri de ses effets. Nous mangeons nos provisions mais je crois que nous pouvons trouver ce qu'il nous faut. Le vin vaut 15 sous le litre.

Bons baisers pour tous en attendant de vos nouvelles

29e de ligne, 9e bataillon de marche, 34e compagnie, 12e escouade.

Viennent ensuite 2 cartes postales du 7 décembre et 8 décembre : en route vers Bar le Duc, premier centre d'instruction de la classe 16

<u>10 décembre 2015</u> : « Demange aux eaux »

Chers parents, je suis toujours en excellente santé depuis que nous sommes arrivés, la pluie n'a pas cessé de tomber aussi je crois que le patelin est bien dénommé. Si vous voyez leur mode d'atteler les boeufs, c'est plutôt risible, ils les attellent l'un devant l'autre au collier, un dans les brancards et l'autre par devant avec des chaînes absolument comme les chevaux.

Nous avons le……. (*illisible*) aussi on l'assaille quand il passe, il nous vend sa camelote pas plus chère qu'à Chalon. Ainsi que je vous l'ai dit, il n'y a que le vin qui est cher, seulement on paye la bonne bière de la Meuse 0,30 la bouteille. Seulement on la boit sur le zinc car vous pensez 2400 soldats dans un patelin de 800 habitants... nous avons touché des paillasses aussi nous ne pouvons être mieux et puis nous mettons nos paillasses côte à côte avec un copain ce qui fait que nous avons plus chaud en couchant ensemble ; bons baisers pour tous.

13 décembre 1915 « Demange aux eaux »
Chers parents je suis toujours en excellente santé mais je pense que nous avons trouvé le froid. Toute la 15e division est revenue au bois Milly (?). Ils ont tous passé ici en gare hier et cette nuit. Nous faisons l'exercice tous les jours sur la montagne et, cette matinée le canon a tapé assez fort mais c'est bizarre il y a déjà une huitaine d'évacués du 56 dont 4 sergents...
Si vous voulez m'envoyer un colis il sera le bienvenu de l'escouade.

16 décembre 1915 : *lettre surprenante : il se plaint amèrement que ses parents ne lui écrivent pas avec des termes assez durs et plutôt inattendus.*

Chers parents, je suis toujours en bonne santé, aujourd'hui je n'ai pas marché, j'ai été à la visite pour tirer un jour mais je suis bien tombé car les gens ont fait une bonne marche.
Nous ne sommes que 2 à l'escouade qui n'avons rien reçu ; enfin, comme je vous connais, je n'en suis nullement étonné mais je pense toujours avoir une lettre dans 8 jours. À part cela rien de nouveau ; vous m'enverrez une pile pour lampe électrique si vous m'envoyez un paquet.
C'est tout ce que je vois à vous dire à part que vous pourriez tout de même mettre un peu plus de bonne volonté pour m'écrire, d'autant plus que moi je le fais bien et j'ai pourtant la prétention d'être plus mal-logé que vous, accroupi sur un

chevalet pour scier le bois qui me sert de pupitre et à côté du seau d'eau que nous sommes obligés de vider à tout moment pour éviter que la glace le fasse rompre.
Bons baisers pour tous.

22 décembre 1915 :
Chers parents j'ai reçu de vos nouvelles avant-hier ; je fais toujours des sommiers avec du grillage et ils ne se montent pas vite. Nous sommes en train de préparer pour faire une espèce de réveillon. Nous avons réquisitionné des boîtes de conserve qui restaient au pays et avec de la salade barbotée dans les jardins, nous allons fêter réveillon. Je pense que vous m'avez envoyé mon verre de montre ainsi que la pile électrique.
Bons baisers pour tous

26 décembre 1915 :
Chers parents, je viens de recevoir la lettre du papa du 20 et celle de la maman du 22 en même temps. Je pense que vous mettrez mon verre de montre dans le 2e colis.
Je vous souhaite tous une bonne année et espère que l'année prochaine à pareille date nous pourrons tous nous retrouver pour le nouvel an. Nous avons passé 1 petit Noël hier un peu triste par rapport aux autres années. Il a plu toute la grande journée mais nous avons bien fait le réveillon la veille. Hier je voulais déjà vous écrire, mais je n'y avais pas le courage, aussi j'ai bien fait d'attendre puisque j'ai reçu 2 lettres hier soir. Je fais toujours des lits et je pense en avoir encore pour jusqu'au 15 janvier, car ça ne va guère vite. Si vous voulez me payer quelque chose pour mes étrennes, ce sera des jambières en cuir qui me seraient le plus utile car dans cette eau, nous avons parfois 1 cm de boue collée autour des molletières. Si vous en achetez une paire vous prendrez aussi ce qu'il y a de plus

ordinaire et prendrez pour des gros mollets. Je me sers de ma toile de tente comme capuchon avec mon couvre nuque c'est tout ce qu'il me faut pour le moment. Bons baisers et bonne année pour tous ainsi qu'au voisin de ma part.

Votre fils qui vous embrasse tous bien fort

28 décembre 1915 :

Chers parents, je viens de recevoir votre colis qui m'a fait grand plaisir. Le fromage ainsi que le saucisson sont épatants. Je crois qu'il y a longtemps que j'en avais mangé de pareils.

Je suis toujours le même, pas plus bileux qu'auparavant. Je continue à faire des lits et des espèces de cabanes en planches pour faire des cabinets. Nous barbotons dans l'eau jusqu'au mollet mais c'est tout aussi intéressant que l'exercice. Il ne fait plus froid il n'y a que la boue dans laquelle nous barbotons mais on s'y fait

Bons baisers

1916

De janvier à Juin, le 167ème régiment se trouve dans la plaine de Woevre, secteur de Saint Mihiel, Bois d'Ailly ; de Juillet à

Aout bataille de Verdun: ravin de la poudrière, Fleury sous Douaumont.
800 hommes hors de combat.

1er janvier 1916

Chers parents, je viens de recevoir votre lettre et suis étonné que chez Pernet on ne puisse vous donner un verre car ils ont sûrement des montres semblables à celle qu'ils m'ont vendue. Je confie donc au hasard le rond de ma montre s'il n'arrive pas ce qui est à peu près sûr, je jetterai la montre en l'air, seulement je garderai toujours un bon souvenir de chez Pernet. Je mets donc le cadre de ma montre dans une lettre. Je suis toujours en bonne santé pour le moment. Je monte des petites cabanes pour faire les cabinets mais je crois que je vais aller à l'exercice sous peu car nous n'avons plus de planches. J'ai reçu des nouvelles de Jules qui va très bien. Moi je suis toujours le même, Charolais aussi.

Je termine en vous embrassant tous très fort

3 janvier 1916

Chers parents, je vais très bien, je pars à l'exercice. Depuis ce matin nous n'avons plus de planches pour travailler et faire les lits. Je suis signaleur avec Charolais. C'est des types pistonnés qui sont téléphonistes à ma place... je crois que mon bon temps commence à se tirer.

Enfin il faut toujours espérer.

4 janvier 1916 : Verdun

Je suis ici depuis hier soir où je suis descendu enfin des lignes et je peux partir au repos demain en auto. On distingue à peu près les yeux du bloc de boue que je représente. Je n'étais pas chargé pour redescendre, mon fusil cassé, mon sac enterré, c'est tout juste si j'ai pu rapporter ma musette à biscuit que j'ai

32

dû déterrer ainsi que son équipement. Je n'ai plus qu'une jambe et demie pantalon, l'autre moitié est resté dans les fils de fer. J'ai plus qu'une semelle de souliers, j'ai laissé l'autre dans un trou d'obus ou je m'étais enlisé et d'où je me suis sorti grâce à un copain. Enfin, dans 15 jours, je pense que je serai à peu près remis, mais je souffre beaucoup des pieds, ils sont gonflés et le gauche a commencé à geler.

Je suis installé dans un fauteuil et trouvé un lit pour cette nuit, aussi vous pensez si c'est une affaire. Je pense voir tous les copains dès que je serai au repos, je me dépêche pour tacher d'écrire à Madame Charolais. Je pense qu'il s'en remettra mais c'est mauvais quand on parle de médaille militaire. Je pense que Jules va toujours bien.

NDLR : *aucune information sur ce qui est arrivé à son camarade Charollais, blessé de toute évidence.*

10 janvier 1916 :
Chers parents, je viens de recevoir votre colis ainsi que votre lettre. J'ai reçu une lettre de la mémé qui m'a envoyé 10 Fr. Aussi ne m'envoyez pas un seul sou avant que je vous en demande. (Dans 2 mois au moins) j'ai pu monter ma montre. Pour le moment il ne me manque que les guêtres, j'ai reçu tout le reste. Vous me direz comment vous me les avez envoyés ainsi que je vous l'ai dit hier n'écrivez pas, je ferai moi-même une réclamation en temps utile. Dans le militaire c'est toujours comme ça, il ne faut pas chercher à comprendre, il n'y a qu'à prendre son parti mais n'écrivez pas, il faut que ce soit moi qui réclame moi-même, autrement je serais passible de punitions qui sont parfois très fortes.
Je vous remercie du bon colis. J'ai remis les 10 Fr. à Charolais.

33

NDLR : *on peut penser que Charollais n'a sans doute pas été gravement blessé*

11 janvier 2916 : carte :
Je viens de recevoir mes guêtres, elles sont même trop bien, mais le jambon ne valait plus rien. J'ai reçu un colis de Lurcy une boîte de caramel de Madame Bouillet.

12 janvier 1916 :
Chers parents, je suis en excellente santé pour le moment. Je vais toujours très bien à part le pied gauche qui est toujours gelé mais il me fait moins mal. Je ne comprends pas que vous soyez toujours sans nouvelle car je n'ai jamais été plus de 5 jours sans vous écrire. Enfin vous les recevrez toutes en même temps. Je pense remonter en ligne dans 2 ou 3 jours mais je crois dans un coin un peu moins agité, mais probablement dans les mêmes parages. Enfin ne vous en faites pas trop, me voilà nippé à neuf des pieds à la tête.

14 janvier 1916 :
Je suis toujours en excellente santé. Je vous ai dit que j'ai reçu tout ce que vous m'avez envoyé. Mes guêtres sont un peu grandes, à part cela elles me vont pas mal. Il fait toujours le même temps aussi elles me servent bien. Le soir comme on a pas mal marché, je suis occupé à boire de ces vieux litres de rouge à 90.
Je suis toujours signaleur pour le moment mais ne vous dérangez pas, il faut prendre son sort comme il vient.

16 janvier 2016
Nous marchons toujours durs tous les jours. Mardi nous passons au gaz asphyxiant.
Charolais va bien.

34

20 janvier 1916 :
Chers parents, je suis toujours en bonne santé. J'ai reçu de vos nouvelles avant-hier. Je marche avec des téléphonistes depuis que j'ai réclamé au commandant de compagnie. J'ai reçu des nouvelles de Lurcy aussi et un paquet d'eux. Il y avait une pomme et une espèce de pâté de foie. Seulement, il sentait un peu…
Hier soir à 7 heures du soir on était en train de chercher nos fils (*téléphoniques*) dans un bois à 4 km de Domange aussi on a pris quelque chose…

21 janvier 1916 : carte
Chers parents, je suis toujours en bonne santé actuellement. Je suis toujours dans le même coin et ne m'en fais pas trop malgré les gaz des fritz.
J'ai reçu le colis que le papa m'a annoncé comme étant de la mémé mais je n'ai toujours rien reçu d'eux qui me l'annonce. J'ai reçu également des nouvelles de Dijon. Ils ont tous la grippe…
Ne vous en faites pas pour moi, bons baisers à toute la famille.

24 janvier 1916 :
Chers parents, je reçois à l'instant la lettre de la Guite qui m'a fait grand plaisir. J'ai eu pas mal de boulot tous ces jours aussi vous m'excuserez si je ne vous ai pas écrit plus tôt. Toujours rien de nouveau seulement les boches ont eu quelques obus heureux et, à chaque salve, ils trouvent le moyen de nous faucher nos fils sans toucher un seul cheveu des poilus du 167ème .
Je suis descendu pour voir Erny hier et j'ai eu la chance de le voir. Il m'a remis le paquet ainsi que les 30 Fr. Aussi je n'aurais besoin de rien avant un moment.

35

Ne vous inquiétez toujours pas pour moi. Nous sommes toujours dans la neige et il ne fait pas très chaud. Ce matin j'ai été de 6 heures à 11h30 sur une ligne de 500 m pour ne rien pouvoir faire, aussi je vous prie de croire que j'ai pris l'onglée de défaire et refaire toutes les ligatures. Le fil est gelé casse comme du verre ; aussi au moindre choc nous n'avons plus de ligne, enfin je ne m'en fais pas trop malgré cela ; il ne part plus de permissionnaires aussi ça repousse toujours mon tour. Je pense que Jules va bientôt y aller car chez eux ça doit marcher plus vite que chez nous.

Enfin j'ai encore le temps d'y penser car si je prends le cafard, il aurait le temps de me boulotter. Pour le moment je me soigne et vous assure que je le boulotte, mais il y en a besoin. Ne vous faites pas trop de bile pour moi ; bons baisers pour toute la famille.

Votre fils qui vous embrasse bien fort.

6 février 1916

Chers parents, je suis en excellente santé. J'ai reçu de vos nouvelles avant-hier. Je ne vois pas grand-chose à vous dire. Nous allons être vaccinés demain lundi pour la 7e fois. Nous n'avons pas été vaccinés hier car le président de la république devait passer une revue. Effectivement, il est venu ici avec Joffre, mais je ne l'ai pas vu. Il nous a valu de manger la soupe 1 heure plus tard que d'habitude. Nous sommes pas mal nourris pour le moment : matin : ¼ café, 10 heures : 1/4 thé, ¼ vin, soupe, patates, singe, soir 5 heures : ¼ café, ¼ vin, macaronis, viande, soupe.

Je termine en vous embrassant tous en attendant de vos nouvelles.

10 février 1916 :

Chers parents, je viens de recevoir votre lettre ainsi que la lampe de Charolais. Je vais, ainsi que lui, toujours très bien.

Nous sommes dans la neige pour le moment. Je souhaite qu'elle ne dure pas car nous sommes fort mal par ces temps-ci. Nous faisons toujours l'exercice comme d'habitude... nous avons absolument tout touché : casques, poches cartouches, masques etc...

J'ai reçu des nouvelles de Lurcy. La mémé se fait toujours du mauvais sang, elle se plaint toujours, enfin je pense que ça va mieux. Elle me dit qu'ils se portent mieux pour le moment car ils ont passé un moment qu'ils avaient leur douleur tous deux ensembles. Je souhaite que ce temps ne leur ramène pas. En tout cas je crois que nous avons trouvé l'hiver

16 février 1916 :

Chers parents, 2 mots pour vous dire que je vais toujours bien. J'ai reçu la lettre de la Guite. Je pense que la maman a fait un voyage à Dijon. Ici il pleut continuellement. J'ai reçu ma pile et la teinture d'iode ainsi que la lampe de Charolais. J'ai reçu 1 colis de Lurcy. Je n'ai pas de nouvelles de Jules, mais il doit être toujours à Barcelonnette.

20 février 1916 :

Chers parents, voici quelques jours que je suis sans nouvelles mais je ne me bile pas pour cela. Je pense que la Guite va mieux. Moi, je vais toujours très bien mais je crois que plus il fait mauvais mieux je vais.

Hier j'ai assisté au bombardement d'un Taube (*avion allemand*). C'est vulgairement rigolo de voir voltiger les flocons de mitraille tout autour. En tout cas je crois qu'il a été touché. Les Allemands ont dû tenter une forte attaque aérienne sur Bar-le-Duc. Ils ont dû avoir des résultats mais ils leurs ont coûté cher (un Zeppelin et plusieurs avions). À part cela il n'y a pas grand nouveau. La vie est toujours la même et malheureusement le vilain temps continu. En tout cas je suis étonné que nous n'ayons pas encore reçu la visite des aviateurs boches surtout qu'ils ont été à peu près sur tous les pays environnants dans une zone de 18 km ; en tout cas on ne se bile pas.

NDLR : *au début de la guerre, l'aviation militaire balbutiante était cantonnée par l'état-major à des vols de reconnaissance et de réglage des tirs d'artillerie; très rapidement, les militaires ont compris l'intérêt offensif des appareils, tant pour la chasse des avions ennemis que pour le bombardement des lignes adverses ; c'est en 1910 que les frères Michelin, conscients des tensions franco germaniques et passionnés d'aviation, menèrent une véritable campagne publicitaire auprès du gouvernement français pour assurer la suprématie aérienne de la France en construisant 5000 avions; seuls 120 furent construits, représentant nos effectifs au début du conflit; en 1911, ils publièrent une série de cartes postales intitulées « notre avenir est dans l'air » qui représentaient un aéroplane bombardant une cible au sol ; cette idée révolutionnaire aura vite fait de convaincre les belligérants de 14-18. Des dirigeables allemands Zeppelin ont bombardé Paris le 30 août 1914.*
L'avion allemand Taube (la colombe) biplace monoplan de conception autrichienne, se rendit célèbre dès 2011, au cours de la guerre italo-turque, lorsque le lieutenant italien Gavotti effectua à bord de cet appareil le premier bombardement aérien de l'histoire en larguant 4 bombes de 2 kg sur un campement Turc; aucun mal mais un énorme retentissement auprès de états-majors de nombreux pays.
C'est un avion Taube qui effectua le premier bombardement de Paris par avion le 3 août 1914 en larguant 4 bombes de 1.8 kg éparpillées en banlieue

La plupart des moteurs qui équipèrent les avions militaires toutes nations confondues sont fabriqués par la société française Gnome et Rhone.

27 février 1916 :
Chers parents, je viens de recevoir votre lettre aussi je m'empresse de vous répondre. Soyez bien tranquilles pour moi. Je vais très bien et malgré l'attaque de Verdun nous sommes toujours ici.

On ne parle toujours pas de nous expédier mais j'ai été très contrarié de vous savoir tous malades et surtout tous à la fois. En tout cas on ne se bile pas et l'attaque de Verdun était prévue car il y a 15 jours, l'autorité militaire avait fait évacuer 16 villages dans les 24 heures et dans la zone de l'attaque. Aussi les boches ont été reçus et vous pouvez croire qu'ils ont payé cher chaque pouce de terrain qu'ils ont gagné. Seulement j'espère que pour finir nous aurons nos anciennes positions avant peu et toujours autant de moins de milliers de boches à abattre. Je n'ai besoin de rien pour le moment. Ne vous inquiétez pas pour moi, nous sommes toujours tranquilles et avons notre paillasse pour nous reposer.

Bonjour aux voisins, je vous embrasse bien fort

2 mars 1916 :
Chers parents, je viens de recevoir de vos nouvelles aussi je m'empresse de vous répondre. Nous sommes toujours ici (*?*) Notre vie ne change pas mais l'hiver est moins rude. Le temps est un peu meilleur. Nous faisons toujours l'exercice sans arrêt et, s'il y a parfois des fatigues, nous sommes encore mieux que dans les tranchées. En tout cas on est toujours bien couché. On ne parle toujours pas de nous expédier.

Je termine en vous embrassant tous bien fort

5 mars 1916 :

Chers parents, je viens de recevoir votre lettre en même temps qu'une de Lurcy. Je vais toujours très bien. Il y avait 15 jours que je n'avais rien reçus de Lurcy. Simone a été voir Jules puis elle a pris froid et Jules a demandé une permission pour la ramener ce qui fait qu'ils sont revenus ensemble tous deux à Lurcy. Ils me disent que Jules a tant changé. Je comprends qu'il doit se faire du mauvais sang mais enfin la guerre actuelle est bien moins fatigante que la guerre du début. Aussi, comme il est revenu de la 1re, il s'en tirera de la seconde.

Rien de nouveau pour moi, on se frappe le moins possible avec les copains.

Je termine en vous embrassant tous bien fort

17 mars 1916 :

Chers parents, je suis toujours en bonne santé et n'ai pas bougé. J'ai perdu les 4 plus vieux de l'escouade qui sont partis renforcer le 170éme. Je ne pense toujours pas partir car le bataillon va sûrement se reformer avec la classe 16 qui est restée dans les dépôts.

Je n'ai besoin de rien pour le moment. J'ai encore trop d'argent pour le moment, il ne me manque rien.

Nous avons touché des galoches avec des chics chaussons en cuir, aussi on est bien pour se balader maintenant. Je crois que nous avons trouvé le bon temps enfin. Je pense que vous me reconnaîtrez, je suis assis au fond

(NDLR : *une photo envoyée, mais malheureusement aucune ne semble avoir été conservée)*

Je termine en vous embrassant tous très fort

20 mars 1916 :

Chers parents, rien de nouveau depuis ma dernière lettre. Malgré les départs qui ont eu lieu, je crois que nous sommes ici encore pour quelques temps. Ils ont reformé les spécialités au complet en cas de départ du bataillon complet mais nous sommes encore là pour quelque temps.

Quant aux permissions, je n'y songe pas, elles sont supprimées dans la 1re armée à cause de Verdun. C'est notre commandant d'armée qui est ministre de la guerre, aussi il y aura peut-être du changement et il songera peut-être à nous, mais je n'y compte pas. Nous avons un temps réellement splendide et nous sommes plus insouciants que jamais. Ce soir dimanche, je viens de prendre un bain de lézard avec Charolais. Je vous assure que nous avons piqué un bon somme au bord du bois.

Je termine en vous embrassant tous bien fort. Bien des choses au pépé. Avez-vous reçu la photo ?

25 mars 1916 :

Chers parents, je reçois à l'instant votre colis et vous remercie de son contenu. Je vais toujours très bien. Nous avons reçu un renfort pour remplacer les camarades qui sont partis aux 170éme. Ils sont venus d'Autun et ont vu le prince héritier de Serbie en passant à Dijon. À part cela, il n'y a rien de nouveau chez nous. Je crois que Chetau est parti en renfort aux 174ème .

Tous ceux qui sont partis sont en repos à V… (*Verdun*) à une vingtaine de kilomètres de nous ou ils sont bien plus tranquilles pour le moment.

2 avril 1916 :

Chers parents, j'ai reçu de vos nouvelles. Je suis étonné que vous ne receviez pas des miennes plus souvent. Je suis toujours en parfaite santé. Je n'ai pas pu trouver un crayon potable aussi tachez donc de m'en envoyer un en même temps qu'un couteau, j'ai perdu le mien. Nous sommes toujours ici, assez tranquilles pour le moment, à part les marches. Jules est à la Valbonne comme mitrailleur.

4 avril 1916 :
Chers parents, je reçois à l'instant votre lettre. Je ne vois pas pourquoi vous vous faites tant de mauvais sang. Je reçois également une lettre de la mémé, elle me dit que Simone est malade. Aussi je vous assure que vos 2 lettres ne sont pas gaies. Je suis très bien pour le moment toujours à Demange. Aussi que voudriez-vous de mieux. Il ne me manque rien à part un crayon et un couteau. Je pense que vous serez rassurés maintenant.
Bons baisers pour tous, votre fils

5 avril 1916 :
Chers parents, je suis toujours en excellente santé. Le bruit court que nous partirons en caserne à Toul lundi prochain. Voyez que l'on ne songe plus à nous envoyer au feu. Je vous confirmerai ce bruit s'il est réellement fondé mais on en entend dire de toutes les façons. Je termine en vous embrassant tous bien fort.

8 avril 1916 :
Chers parents, je suis toujours en excellente santé. Je pense que nous partirons demain dimanche. Charolais va très bien comme moi. Notre vie ne change pas. Nous avons fait une marche d'entraînement hier dont je suis bien revenu. Aussi je pense m'en tirer facilement demain.

Lettre non datée, que j'attribue à Avril 1916, sans certitude
Chers parents, je suis toujours en ligne, en bonne santé mais fatigué. C'est assez dur dans le coin où nous sommes, mais je pense que nous n'y resterons pas très longtemps. J'ai des

42

nouvelles de Jules qui me dit qu'il va bien et qu'il n'est pas encore en ligne. Il est probable que nous attaquerons avant de redescendre mais ne vous inquiétez pas, nous avons déjà enlevé un fortin il y a 4 jours. Ces boches se défendent comme des enragés et nous avons la garde devant nous, c'est ce qui retarde les opérations. Enfin le temps a été favorable ces jours derniers. Nous sommes assez mal ravitaillés, une seule fois par jour à 23 heures et qu'en morceaux de viande avec un peu de fromage. Quand pourra-t-on manger chaud ?

Je me hâte, embrassez bien toute la famille pour moi

Votre fils qui vous embrasse bien fort

11 avril 1916 :

Chers parents, je suis en bonne santé. J'ai vu du pays depuis hier. Je n'ai pas reçu de vos nouvelles ; du reste voici 2 jours que le courrier n'est pas venu. Je pense que c'est à cause de mon changement de secteur, aussi je vous prie de noter ma nouvelle adresse : 29e infanterie, 9e bataillon de marche, 34e compagnie, 9e escouade, secteur 51.

Je m'empresse de répondre au sujet de la demande du papa. Les fers C Y étaient en effet très bien faits ; s'il peut s'en procurer il demandera du 1 K à V.

Le bataillon est en réserve du 8e corps aussi je suis content d'être affecté à un de nos régiments régionaux mais en attendant nous sommes tranquilles. Je n'ai pas reçu de lettre de Lurcy non plus. Vous pourrez leur donner les renseignements au sujet des fers. Ils en passent pas mal. Je suis toujours avec Charpy et Charolais qui sont en bonne santé. J'attends toujours mon couteau et un crayon.

Bons baisers pour tous

16 avril 1916 :

Chers parents, je viens de recevoir la lettre de la Guite à l'instant. J'ai reçu votre lettre hier ainsi que le paquet qui est

43

arrivé en bon état. Vous devez vous douter où je suis. Nous avons creusé des tranchées en 3e ligne pendant 2 jours où nous avons reçu le baptême exactement un an après, jour pour jour, où je faisais le 1er salut. Nous n'avons reçu qu'une dizaine de petits 105 percutants qui ne sont pas très dangereux à condition qu'ils ne nous tombent pas directement sur le dos. Je pense que nous retournerons aux tranchées cette semaine, seulement ce qu'il y a de bon, c'est qu'on revient coucher dans un petit patelin. Demain, 75 camarades de la compagnie partent pour renforcer le 163éme d'infanterie. Charolais est passé cuistot en pied.

Surtout ne vous faites pas de mauvais sang, votre fils qui vous embrasse tous bien fort.

16 avril 1916 :

Chers parents, j'ai reçu la gentille lettre du papa aussi je m'empresse de répondre. Je vous remercie bien de tous les détails qu'il me donne. Je suis toujours en excellente santé.

Aujourd'hui nous avons eu exercice, aussi j'en ai profité pour venir à Commercy. Comme nous retournons en 3e ligne demain matin, nous dégustons les fameuses madeleines avec une de ces vieilles bouteilles de vin blanc. En attendant vous voyez qu'on ne s'en fait pas. Charolais est du reste à côté de moi qui écrit également. Je vous écris le plus souvent possible aussi il ne faut pas m'en vouloir si je ne puis le faire plus souvent. Du reste je vais très bien seulement lorsque nous montons en ligne, je vous assure qu'en rentrant à la nuit nous n'avons guère le courage d'écrire. Je me suis spécialisé dans l'art de pelleter. Si, à la fin de la guerre il n'y a plus de place comme quincaillier, je trouverai toujours une place comme Pelleteur, soit terrassier, charbonnier etc....

Je suis fringué tout à neuf. J'ai touché un pantalon de velours, une petite paire de bateaux-mouches de 30 cm ; je suis tout à fait le type gandin. Il n'y a que la capote qui est plutôt, comment dirais-je, « boueuse ».

À part la flotte qui tombe, tout va bien c'est pourquoi les troupes sont fraîches. Tout va bien, ne vous frappez pas en attendant de vos bonnes nouvelles et les permissions qui ne viendront jamais.

Secteur 51.

24 avril 1916 :

Chers parents, je suis toujours en bonne santé. J'ai reçu la lettre de la Guite. Je crois qu'ils feraient mieux en effet de fermer et de tous se soigner. Vous me direz ce qu'ils vont décider.

Nous avons passé notre nuit de Pâques à poser des fils de fer aussi nous avons eu tout de même la journée pour nous reposer. Je suis tout mal fichu depuis ce matin, aussi je vais aller à la visite demain matin, je pense que ce sera rien et que c'est une bonne purge qu'il me faut, enfin pas grand nouveau. Les permissions ont commencé, aussi Charpy part demain.

Nous partons 8 par 15 jours. Aussi mon tour viendra dans 3 à 4 mois, époque à laquelle je serai sûrement loin du 9ᵉ bataillon. Enfin comme je n'ai jamais compté dessus, je n'y compte toujours pas. Du reste je commence à m'y habituer.

Hier comme nous avions rien mangé à midi, je me suis payé le luxe de manger à Commercy le soir. Il y avait 4 mois que je n'avais pas mangé dans une assiette. Nous avons touché 800 g de viande pour 15, ¼ de lentilles pour 15, 1 litre de café en grain et 150 g de sucre pour faire le café du matin de 60 hommes, aussi avec une telle nourriture on peut creuser des mètres de tranchées dans une journée. Pour demain, nous sommes assez bien servis en viande et une pomme de terre crue par homme à accommoder. Aussi ce sera la noce. Pour le jour

45

de Pâques je crois que le gouvernement ne s'est pas trop fendu, notre nourriture du secteur 159 est loin. En tout cas ce qui me console c'est que les Allemands crèvent de faim. Enfin je sais pas mal de choses sur Verdun. Mes copains qui sont partis renforcer le 163 sont à la côte du poivre mais je suis toujours sans nouvelles d'eux.
Bons baisers pour tous

25 avril 1916 carte :
Je suis toujours en bonne santé. J'ai pu avoir un jour de repos, aussi j'ai profité un peu. Pas grand nouveau. J'ai vu des gars du 57 chasseurs mitrailleurs au 97e d'infanterie. Aussi on a parlé un peu du patelin. On ne s'en fait toujours pas.

24 avril 1916 :
Je suis toujours en bonne santé ; nous montons cette nuit poser des fils de fer aussi j'aime autant car on est plus tranquille et puis on a toute la journée pour se reposer. Je pense que la mémé est rentrée mais elle aura peut-être eu des difficultés à les décider, enfin vous me renseignerez dès son retour. Bons baisers pour tous

28 avril 1916 :
Chers parents, je suis toujours en excellente santé et pense que vous êtes de même. Je profite du court repos que nous avons pour vous donner de mes nouvelles. Je suis dans une tranchée en 3e ligne pour le moment. D'habitude le canon semble respecter le repos de chacun autour de midi, mais aujourd'hui, il s'en donne à cœur joie. Hier nous avions une batterie derrière nous, aussi les obus nous sifflaient aux oreilles toute la journée. Nous avons reçu un renfort du 56, aussi j'ai été content de retrouver tous les copains que nous avions laissés à Chalon. J'ai vu Bol, il est à la 35e compagnie. Aussi je pense que nous

46

irons tous les 3 nous promener avec Charolais ce soir à Commercy. On est content de goûter un moment de repos et de s'éloigner un moment des sifflements et du bruit assourdissant de la canonnade. J'ai reçu votre colis en bon état, je vous remercie de me gâter autant que cela. Je pense que la maman est de retour vers vous.

Votre fils qui vous embrasse fort

4 mai 1916 :

Chers parents, Charolais vient de me quitter, il est parti en renfort pour le 29 aussi, si ses parents n'ont pas de ses nouvelles vous les renseignerez. Il est parti avec un Benoît de Farge, ils sont partis 160 du bataillon, il n'a pas vu Charpy avant de partir, aussi vous direz à sa mère que je lui ferai parvenir son colis et son argent. Je pensais pourtant bien partir avec lui mais je n'ai pas pu. Enfin si je ne suis pas balancé dans un 163 quelconque, je pourrais le voir de temps en temps. J'ai vu Millet Jardinier et Bron de Boyer, ils sont tranquilles et font le ravitaillement en munitions aux batteries. Paul Bourgeon doit être dans les parages comme eux. J'ai vu un Geoffroy d'Uchizy au 97, Maillard voyage, Nollet aux 227, Borel sergent au 10e, Guyonet qui travaillait chez Henriot et qui a son frère dans l'artillerie, est arrivé au dernier renfort, il est à ma section comme caporal, aussi j'étais content de retrouver tous ces gens pour causer du pays. Je suis le 20e à partir en renfort, aussi si j'avais de la chance de rester encore là pendant 3 semaines, j'aurais peut-être le plaisir d'aller voir Tournus, mais je n'y pense pas, ce serait trop beau, enfin espérons toujours.

PS : Paul est toujours là mais le renfort ne monte pas encore faire des tranchées, ils font l'exercice.

Votre fils

7 mai 1916 :

Chers parents, je suis en excellente santé. Charpy est rentré hier matin. Je fais parvenir le colis et l'argent à Charolais. Le frère de Charpy, qui est infirmier à la 16e division, a écrit qu'il les avait vus passer. Nous n'avons pas encore de leurs nouvelles, je pense qu'ils seront encore au repos avant de monter en ligne. Mon tour de permission approche, s'il n'y a aucun accroc, je serais vers vous dans une quinzaine de jours…

Vous ne m'enverrez plus de colis jusqu'à ce que j'aille en permission, Charpy m'a remis le rôti. J'ai reçu tous mes colis. Pas grand nouveau. On commence à s'apercevoir du vide à l'escouade, nous ne restons que 4 anciens, aussi on a peine à se familiariser avec les renforts, enfin il faut tous que l'on se quitte. J'ai reçu des nouvelles de Jules, je pense qu'il pourra venir me voir si je vais à Tournus.

Votre fils qui vous embrasse très fort.

11 mai 1916 :

Chers parents, je suis toujours en excellente santé. J'ai reçu des nouvelles de Charolais, il est toujours en bonne santé. Il se trouvait samedi à 20 km des Eparges et ne savait pas s'ils iraient rejoindre le 29 en ligne ou bien s'ils attendraient que le 29e les rejoigne. Je suis le 4e à partir en permission encore 5 jours, peut-être le bataillon ne fournira pas de renforts avant ; enfin il faut l'espérer. Donc il n'y a pas de nouveau, je partirai mardi.

J'ai reçu une lettre de la mémé, elle me dit que Simone est très fatiguée et qu'elle ne peut pouvoir aller à Tournus avant une quinzaine de jours, aussi, j'ai l'intention de passer à Lurcy pour les voir, je resterai une journée avec eux et passerai les 6 autres jours vers vous, je pense que vous ne serez pas jaloux.

Pas grand nouveau ; on sent le vide fait par le départ de nos camarades. Enfin si je puis partir en permission, je serai toujours chanceux.

<u>18 mai 1916</u> : carte : je partirai en permission mardi

<u>3 juin 1916</u> : *retour de perm*
Chers parents, j'ai fait un excellent voyage et suis arrivé sous la flotte. Les copains sont aux tranchées aussi je ne vais pas y monter avant lundi matin. Le pays n'a pas changé de place. Je n'ai pas le cafard pour le moment aussi c'est essentiel. Donc, rien à signaler sur le reste du front, le moral des troupes est excellent.
Bonjour aux voisins, embrassez la mémé pour moi; bons baisers.

<u>4 juin 1916</u> :
Pas grand nouveau depuis hier. Charolais est dans les marécages, il leur est impossible de creuser des tranchées, aussi ils sont en rase campagne abrités derrière des galions, dans la boue jusqu'au ventre. Je n'ai toujours pas le cafard et ai trouvé tout le monde samedi soir.
Je vous embrasse tous, la Guite et la mémé, votre fils

<u>6 juin 1916</u> :
Chers parents, rien à signaler, tout va bien, la flotte tombe et les troupes sont fraîches. J'ai vu Leborgne, caporal à Vignot. Il est par ici depuis peu, aussi nous avons mangé une omelette ensemble avec le père Millet dimanche soir. J'ai également vu Burel qui était au repos pour 6 jours. On nous a retiré nos couvertures cette semaine.
Bien le bonjour aux voisins. Je termine en vous embrassant tous bien fort sans oublier la mémé et la Guite.

<u>9 juin 1916</u> :
Chers parents, je suis toujours en bonne santé. Il pleut depuis que je suis arrivé, aussi on prend quelque chose dans l'eau et la boue. J'ai fabriqué un égouttoir avec une boîte de singe, mais

49

ce matin j'ai bien sorti plus de 500 litres d'eau de l'observatoire que je suis en train de creuser ; je travaille bien moins loin qu'avant. Je pense en avoir encore pour une huitaine. Je suis bien plus tranquille qu'aux tranchées, aussi ne vous faites pas de mauvais sang pour moi. Je pense que vous allez toujours très bien. Vous devez être moins seuls avec la Guite avec vous. Je pense que la mémé est toujours vers vous mais elle s'apprête peut-être à retourner à Lurcy.

En tout cas, il faut espérer que la guerre finira peut-être plus tôt qu'on ne pense. Les russes doivent faire du bon travail tous ces jours, et je crois que les Italiens pourront les remercier. Quant aux boches, s'ils prennent le Fort de Vaux ils n'en seront guère plus avancés, à moins qu'ils puissent s'emparer de la cote 304.

Pas grand nouveau à vous dire ; je termine en vous embrassant tous bien fort.

NDLR : la cote 304 est le point le plus élevé sur la rive gauche de la Meuse, constituant un excellent poste d'observation des troupes allemandes concentrées sur la rive droite ; c'est sur cet emplacement stratégique qu'est positionnée l'artillerie française, qui peut ainsi ralentir la progression allemande. Cette position a été le lieu de combats acharnés et terriblement meurtriers.

11 juin 1916 :
Chers parents, je suis toujours en bonne santé pour le moment. J'ai vu Brusson qui est rentré hier. Je suis toujours aussi tranquille à mon chantier et je souhaite y rester le plus longtemps possible, je suis moins dans la boue qu'aux tranchées, mais il pleut depuis que je suis rentré, c'est un triste temps.

Embrassez bien la Guite et la mémé pour moi
Votre fils qui vous embrasse bien fort

14 juin 1916 :

Chers parents, j'ai reçu de vos nouvelles hier qui m'ont fait bien plaisir. Aujourd'hui nous avons repos, mais le travail ne manque pas pour nous décrotter. Je suis toujours dans mon trou aussi tranquille, aussi je ne me plains pas car j'ai bien moins de boue qu'aux tranchées, ils ne peuvent plus s'arracher et il pleut toujours.

Les boches doivent être partis car on n'entend plus les crapouillots autour de nos têtes comme auparavant. On ne parle toujours pas de renforts. Le commandant a dû, je crois en refuser déjà 2 car il prétend qu'il lui faut des hommes pour faire ses travaux. Je vais toujours bien pour le moment et je boulotte de 5 à 10 sous de pain par jour. Vous parlez si je me régale avec mes bicots. C'est tout ce que je vois à vous dire pour le moment, vous voyez que je ne m'en fais toujours pas.

Je n'ai pas plus reçu de nouvelles de Lurcy que s'ils étaient morts, mais Jules devrait prendre de la poigne et puis les faire fermer le plus tôt possible, car tous autant qu'ils sont, ils ont besoin de repos.

Je termine en vous embrassant tous en attendant de vos nouvelles.

Dites donc à la Guite qu'elle m'écrive quelquefois, elle a bien plus de temps que vous maintenant qu'elle est reçue.

Si je puis aller à Commercy dimanche, je lui enverrai des fameuses madeleines, elle me dira si elle les aura trouvées à son goût.

Bons baisers pour tous, votre fils

16 juin 1916 :

Chers parents, toujours en excellente santé malgré le mauvais temps qui persiste. Mon voisin de lit vient d'être évacué pour la diphtérie. Il a été malade d'un seul coup, mais je me demande comment cela se fait qu'il n'y en a pas davantage. Je travaille toujours dans mon trou. Ce matin, j'ai fait partir 5 cartouches

51

de Chedid pour enlever 2 m³ de pierres. C'est intéressant de travailler là-dedans.

Bons baisers en attendant de vos nouvelles.

18 juin 1916 : carte :

Chers parents, je suis toujours en excellente santé, pas grand nouveau pour vous. J'ai reçu de vos nouvelles hier mais rien de ceci, aussi je me suis décidé d'attendre avant de récrire. J'ai touché une tunique neuve, nous sommes bien mieux nourris depuis quelque temps.

Bonjour aux voisins, bons baisers pour tous.

<u>20 juin 1916</u>

Chers parents, je viens de recevoir la lettre de la maman et la carte de la Guite. Je suis toujours le même. Je boulotte comme 4 pour le moment. La 13ᵉ division vient d'être relevée, nous sommes toujours là pour le moment. J'ai changé ma veste pour une neuve. Nous avons également touché des épaulières, mais n'est toujours pas question de renforts. Les chasseurs alpins doivent être à Verdun pour le moment, aussi il est probable que Jules ne soit pas au dépôt pour longtemps, aussi il devrait profiter de s'arranger pour sa boutique pendant qu'il y est encore car ils ne peuvent rester continuellement comme cela, surtout que l'on ne sait toujours pas quand tout cela finira.

En attendant je me tiens tranquille, nous sommes plus que 2 de la compagnie au poste d'écoute et j'en suis, vous parlez d'une veine. Je suis bien plus tranquille qu'aux tranchées, aussi je ne m'en fais pas, c'est mon bon temps.

Le gouvernement m'a fait cadeau d'un bel écusson de téléphonistes, aussi c'est dommage que je ne retourne pas en permission pour vous montrer toutes mes belles nouveautés.

52

Naturellement je n'ai pas reçu de nouvelles de Lurcy depuis mon retour.

Je vous embrasse bien fort.

PS : il m'a été impossible d'aller à Commercy, aussi la Guite attendra son cadeau plus tard.

Votre fils qui vous embrasse

24 juin 1916 : carte : je suis en bonne santé. Merci pour votre colis et de vos nouvelles.

25 juin 1916 :
Chers parents, je suis toujours en excellente santé. J'ai reçu tout de même une lettre de Lurcy où je n'y comprends pas grand-chose, mais Simone ne veut plus fermer, je me demande quelle comédie ils sont en train de jouer. Charolais est toujours en ligne. Un de mes copains de l'escouade qui était avec lui est tué. J'ai reçu votre paquet et votre lettre. Je travaille toujours dans mon trou. Je pense que Jules a eu 48 heures mais la mémé me fait une lettre tellement bizarre qu'il est difficile d'y déchiffrer quelque chose. Aujourd'hui dimanche, il m'a été impossible de faire la commission de la Guite. Bons baisers pour tous

NDLR : *il est stupéfiant de voir à quel point la mort est devenue banale ; il mentionne pour la première fois celle de l'un de ses camarades, de façon parfaitement anecdotique, sans s'y attarder.*

29 juin 1916: carte
Chers parents, je vous envoie un morceau de bois assez intéressant ; vous pourrez le passer au papier de verre et le cirer comme garniture et souvenir de la Meuse.

Ci-joint 2 bouchons de Grenade avec leur protecteur. Voyez la mèche brûlée. C'est des grenades qui ont été lancées vers moi hier sur le champ de tir où je travaille et où je suis toujours embusqué encore pour une quinzaine. Bury vous donnera des détails. Je vais toujours très bien, vous ne remettrez qu'un petit paquet à Bury pour ne pas trop le charger s'il passe vers vous. Quand il partira la maman pourra lui remettre un petit gâteau comme celui que j'avais apporté

Bons baisers pour tous

30 juin 1916 :
Chers parents, je pense que vous avez vu Bury lorsque vous recevrez cette lettre. Je lui ai remis un paquet qui contient une flanelle et 2 bouchons de Grenade munis de leur protecteur. Aucun changement. Aujourd'hui nous sommes descendus manger au cantonnement. Je crois que c'est pour désinfecter nos effets et prendre la garde puisqu'aucun régiment ne se trouve actuellement au repos.

Je vais toujours très bien, bons baisers pour tous

1er juillet 1916 :
Chers parents, je suis toujours en bonne santé. Aujourd'hui, j'ai pris la garde au dépôt de munitions. J'ai vu Bachelet qui est rentré hier et m'a remis votre colis. C'est gentil de me gâter comme cela. Toujours aucun changement vers nous, aussi je ne m'en fais pas du tout. Du reste j'aurais tort de faire autrement. Je pense trouver une lettre en rentrant, je suis toujours content de savoir ce que vous faites.

Je termine en vous embrassant bien fort.

54

6 juillet 1916 : carte
Merci de vos bonnes nouvelles, tout va très bien vers moi à part le temps. Je suis toujours en excellente santé et je fais toujours le même travail pour le moment. Je crois qu'ils sont tout de même décidés à Lurcy cette fois, je souhaite qu'ils aillent vite.
Bons baisers pour tous.

7 juillet 1916 :
Chers parents, mille merci de votre aimable lettre qui m'a fait bien plaisir. Je pense que, comme moi, vous êtes toujours en excellente santé. J'ai reçu des nouvelles de Lurcy, comme toujours Simone se contente de me dire je vais bien mieux et que naturellement elle est fâchée de liquider. Seulement, j'ai été tout à fait étonné de lire sur sa lettre la phrase qui suit : « lorsque je partirai j'irai à Saint Maxou et aussi un peu à Tournus » C'est pour cela du reste que j'ai conclu qu'il fallait qu'elle soit malade pour avoir fléchi de la sorte. Enfin, je crois qu'elle sera mieux pour se soigner au milieu de vous que vers son père qui la cajolera aujourd'hui et la giflera le lendemain, aussi c'est, je pense, ce qu'elle a dû reconnaître surtout après avoir vu la scène qu'il leur a fait il y a une huitaine de jours.
Enfin, je souhaite de les voir vite tous à Tournus. Georges est dans la Somme à 7 km du front et François n'avait pas de ses nouvelles depuis 8 jours, aussi j'ai bien peur qu'il n'ait été à l'attaque. Pour moi aucun changement, je suis le même et ne me fais pas de bile pendant que je n'ai pas de motif sérieux pour m'en faire.
Bons baisers pour tous

11 juillet 1916 :
Bury rentre de permission et m'a remis toutes vos bonnes choses, vous êtes trop gentils pour moi. Le pauvre papa ne

pourra plus boire la goutte puisqu'il m'a donné sa petite fiole, enfin je pense qu'il s'en sera procuré une autre. Je travaille au polygone et suis ainsi on ne peut plus tranquille, à l'abri de tout danger.

Nous ne sommes que 2 de la compagnie avec un vieux cabot de 40 ans qui peut à peine marcher et qui est venu au bataillon il y a 2 mois environ. Il a eu les 2 cuisses traversées à l'attaque de Neuville Saint Vaast (Pas-de-Calais) l'année dernière au mois de mars. Il a la croix de guerre et a été nommé cabot car il est revenu avec 6 autres seulement de sa compagnie. C'est un vieux briscard qui a déjà eu 5 ou 6 femmes, et s'est marié depuis la guerre pour l'allocation. Il est cordonnier, maçon, terrassier, aussi on ne peut pas l'empêcher de travailler, il fait souvent plus de travail que nous, aussi on le chine quand on rentre le soir et qu'il se plaint des reins en s'appuyant sur ses 2 cannes, aussi on ne peut être plus tranquille qu'avec lui. Charolais pense aller en permission, aussi tachez de le bien recevoir, pourriez-vous peut-être déjeuner un jour avec lui.

Je vous quitte en vous embrassant tous bien fort et mille merci ; votre fils

14 juillet 1916 :

Chers parents, je viens de recevoir votre lettre. Je crois qu'ils quittent Lurcy demain 15. Jules m'a écrit que Simone devait passer 15 jours avec lui et sa fille. Il change mais me dit de lui écrire à son ancienne adresse. Lorsque vous recevrez ma lettre, vous me direz si la mémé et le grand-père sont vers vous et où est allée Simone, car je suis comme vous sans nouvelles depuis 8 jours et ne puis leur écrire puisqu'ils doivent quitter le 15, mais je ne sais nullement où Simone doit se rendre. Il n'y a que Jules qui m'a dit qu'ils l'attendaient dès qu'ils auraient fermé, mais ils n'ont pas vendu leurs fers.

Aujourd'hui 14 juillet le gouvernement nous a soigné et nous sommes descendus des tranchées tout à l'heure et nous avons

56

notre soirée libre, aussi nous allons en profiter pour fêter joyeusement le 14 juillet; je vous passe le menu: potage vermicelle, jambon, bœuf nature, purée de pommes, flageolets de conserves au saindoux, camembert, 3 petits-beurre, ¼ de café, 1 l de vin rouge, 1 bouteille de champagne pour 4.
Ne vous faites donc pas de mauvais sang et ne m'envoyez plus de colis avant que je vous en réclame
Mille baisers pour tous

16 juillet 1916 :
Chers parents, je suis toujours en excellente santé, aussi ne vous faites aucun mauvais sang à mon sujet pour le moment. J'ai grand peur que Charolais n'ait pu aller en permission car le 13 et 29 sont partis à Verdun depuis 2 jours. Aucun changement pour moi, aussi je vous prierai de suspendre l'envoi de vos colis car j'ai des provisions en avance et je ne tiens pas à me charger. Je suis sans nouvelles de Lurcy. Où sont-ils actuellement ? Je l'ignore totalement. En tout cas je ne leur écris plus depuis qu'ils doivent partir.
Louis Bouillon devait partir au 132 mais il est resté étant toujours cuistot des officiers. Pas de nouvelles de Georges, Jules a changé j'attends sa nouvelle adresse.
Meilleurs vœux pour la fête de la Guite bons baisers ; votre fils

19 juillet 1916 :
Chers parents, je suis toujours en excellente santé. Nous avons effectué un léger changement de travail. Nous travaillons à quelques centaines de mètres des boches seulement, aussi il est fort probable que nous changions de cantonnement sous peu. Nous travaillons de nuit. On remue chacun 2 m³ et nous rentrons ensuite avant le jour. Seulement comme nous avons 20

km à faire je crois que nous nous rapprocherons et nous serons ainsi moins fatigués.

Mais vous parlez d'un concert et d'un feu d'artifice en voyant les obus éclater chez les boches comme si nous y avions été. Enfin ne vous faites pas de mauvais sang et ne m'envoyez pas de colis. Je pense que la mémé est chez vous.

Bons baisers pour toute la famille.

PS : Charolais est au bois fu *???* (Verdun)

<u>21 juillet 1916</u> :

Chers parents, je reçois une lettre de la Guite et celle de la maman à l'instant au moment précis où la Guite doit recevoir ses lauriers. Nous nous rapprochons un peu et allons travailler de nuit, mais ne vous faites pas de mauvais sang, les boches ne sont pas plus terribles à 1200 m qu'à 4 km. Je crois que nous logerons dans les caves, toujours dans les parages. La compagnie seule se déplace du bataillon aussi ce n'est sûrement pas pour longtemps. Soyez donc rassurés. Vous me raconterez ce qu'il y a eu avec la mère Bouillet. La mémé doit être heureuse.

Hier soir j'ai pu voir jouer des artistes de Paris, c'était une distraction pour un soir. Comme nous ne trouverons rien, la maman pourra m'envoyer un petit colis toujours à la même adresse, mais un seul et vous attendrez que j'ai reçu le 1er et que je vous en redemande un autre à m'envoyer car il me reste encore un morceau de saucisson et 4 bicots.

Bons baisers pour tous, le pépé, la mémé, la Guite, sans vous oublier.

<u>22 juillet 1916</u> :

58

Chers parents, me voici complètement installé ; je suis presque propriétaire. On ne peut être mieux au milieu des ruines. Je suis dans une bonne cave voûtée sur laquelle repose la maison effondrée. La porte de derrière donne sur un magnifique verger et si vous pouviez venir me voir, je pourrai vous offrir : pommes, poires, prunes, groseilles rouges, blanches et ballons. Rien ne manque.

Maintenant 3 ou 4 civils seulement au pays, mais nous avons une auto de société qui passe tous les 2 jours et nous donne presque sa marchandise : vin rouge ou blanc 0,85, chocolat 0,90 les 250 g et le tout de bonne qualité.

Donc ne vous faites pas de mauvais sang et bons baisers pour tous.

Votre fils qui vous embrasse bien fort

23 juillet 1916 :

Chers parents, je suis en bonne santé et part en renfort, je crois pour le 167ème . Le régiment descend de Verdun et je pense que nous remonterons ensuite dans la Somme. Je vous avais trop vanté mes propriétés hier. Nous partons 400 du bataillon. Je pars avec Charpy, Bury, et Brusson. Ne vous faites pas de mauvais sang car je crois que nous avons près d'un mois de repos, ceci n'est pas étonnant surtout que le 167 est du 20e corps.

Nous sommes revenus à V (*Verdun*) et je vous assure que nous avons eu chaud et je vois que nous embarquons demain.

Ne vous étonnez pas si vous êtes quelques jours sans nouvelles, inutile de m'écrire avant que je vous indique mon adresse.

Mille baisers

25 juillet 1916 :

Chers parents, me voici affecté et arrivé :

Georges DEMORTIERE

167ème régiment d'infanterie
téléphoniste
Compagnie hors rang, secteur 191.

Je pense que vous serez satisfaits en tout cas ne vous faites pas de mauvais sang pour moi. Je suis avec 6 copains de mon ancienne compagnie et au repos pour un mois au moins. Le régiment a été presque tout prisonnier. Ils ne sont revenus que 400 de Verdun. Nous n'appartenons à aucun corps d'armée, nous sommes brigade volante avec les tirailleurs algériens, comme le 170. Aussi, nous verrons du pays. En tout cas si nous ne retournons pas à Verdun, nous serons assez tranquilles. Nous assurons la liaison avec le commandant Brigage, colonel. Nous avons un très bon lieutenant-colonel, il sort du rang et a débuté comme caporal tambour.
Nous sommes au pays de Goldenberg, manufacture française d'outils. Je vais tâcher de visiter l'usine.
Mille baisers pour tous

28 juillet 1916 : 2 heures du matin
Chers parents, je profite d'être de garde au bureau du colonel pour le téléphone pour vous donner de mes nouvelles. Je vais toujours très bien et, jusqu'à présent nous n'avons encore rien fait à part 2 heures de garde toutes les 30 heures. Nous sommes tranquilles encore pour un moment. J'ai visité Goldenberg, c'est assez intéressant. Darc a eu une blessure à Verdun et on lui a coupé une jambe à Pau où il est en traitement.
Je n'ai reçu aucune nouvelle depuis mon départ de Saint Julien de dimanche dernier mais le temps ne me dure pas du tout et puis, je sais que mon changement d'adresse demande un certain temps. Avez-vous des nouvelles de Charolais ? J'espère que oui.

60

Je vais marcher avec le 2ᵉ régiment à moins qu'il y ait changement, mais nous sommes ici comme troupes de rafraîchissements aussi nous avons bien un mois devant nous. En tout cas je ne m'en fais pas, surtout que nous ne sommes pas mal nourris et que nous ne faisons rien. Je n'ai pas besoin de colis pour le moment, je vous en demanderai en temps utile mais vous pouvez m'envoyer de l'argent si vous voulez, 20 Fr. en mandat carte.

Bien le bonjour au pépé, mémé, Guite et toute la famille.

<u>29 juillet 1916</u> :

Chers parents, je suis toujours en excellente santé et sans nouvelles de personne depuis 8 jours, seulement comme on se balade toujours, il n'est pas étonnant que nous n'ayons pas de nouvelles car les lettres doivent nous courir après tous les jours. Le repos a été bien moins long que nous ne le pensions. Les poilus se font sans doute rares.

Je crois que nous prendrons un secteur du côté de Saint Mihiel ou le bois d'Ailly. En tout cas il est fort probable que j'y serais lorsque vous recevrez ma lettre, mais ne vous faites pas de mauvais sang.

Les trois bois sont chacun dans un patelin, aussi nous avons du boulot au téléphone. Ce n'est qu'ordre sur ordre, tous les jours. En tout cas je ne m'en fais pas. Donnez-moi des nouvelles de la mémé du pépé ainsi que de Jules et Simone.

NDLR : le saillant de Saint Mihiel est tenu depuis 1914 par les troupes allemandes qui coupent Verdun de son ravitaillement par le Sud Est ; de nombreuses tentatives seront effectuées par l'armée Française pour reprendre ce territoire mais les allemands, en fortifiant sans cesse leurs positions, réussissent à s'y maintenir jusqu'à la grande offensive de septembre 1918, où les troupes alliées, essentiellement composées de divisions américaines (250000 hommes dont 216000 américains) réussissent enfin à reconquérir cette position stratégique au prix de 7000 morts.

<u>31 juillet 1916</u> :
Chers parents, je suis toujours en excellente santé et continue à me balader. Aussi voici 11 jours que je n'ai rien reçu depuis le 20 juillet, en tout cas j'ai vu des patelins depuis et n'ai pas couché souvent à la même place. Ce qui me console c'est lorsque je vais recevoir des lettres, j'aurais une quinzaine à lire. Je pense monter en ligne sous peu et pense même l'ancien secteur du troisième bataillon du 56, aussi nous sommes détachés des autres bataillons qui se trouvent sur notre droite. Je suis avec le deuxième à... (*illisible*)
Pas grand nouveau à vous dire. Nous attendons tous les jours pour monter. Donnez-moi des nouvelles de tout le monde. Je pense qu'ils ont quitté Lurcy, en tout cas je n'ai pu recevoir aucune lettre me le disant. Enfin je pense qu'au moins vous recevez les miennes. Nous souffrons de la chaleur énormément tous ces jours et ni air ni pluie.
Mille baisers pour tout le monde

<u>1er août 1916</u> : village Nègre, avenue des coloniaux.

NDLR : stéréotype de l'époque : c'est le nom donné par les poilus à certains des campements construits en 2ème ligne, à l'abri des tirs ennemis, ces huttes rappelaient aux soldats les villages d'Afrique qu'ils avaient vus en photo

Chers parents, je suis en excellente santé, mais quelle chaleur ! C'est toujours défendu d'avoir des nouvelles de personne, enfin pourvu que vous puissiez recevoir des miennes. La lettre la plus récente de vous est du 14 juillet, cela commence à compter. Enfin je pense que vous avez reçu toutes mes lettres aussi vous m'enverrez ce que je vous ai demandé mais pas davantage. Vous me direz ce que vous m'avez envoyé depuis le 14 car je n'ai rien reçu depuis. Je suis là au milieu d'un bois dans une espèce de patelin qui rappelle le temps des gaulois et leurs ancêtres. Seulement le décoville à moteur à crottin y fait fureur. (*NDLR : probable allusion à la société DECAUVILLE fabricant de matériels ferroviaires, de cycles et d'automobiles*). On se croirait dans une grande gare de bifurcation. Pour le moment pas de nouveau.

J'attends chaque minute pour monter en ligne car on ne sait absolument rien. Ne vous faites pas trop de bile. Je recevrai peut-être des nouvelles un de ces jours.

Bons baisers pour toute la famille, votre fils qui vous embrasse tous bien fort

2 août 1916 : carte

Chers parents je suis en excellente santé et en ligne depuis ce matin. Ne vous faites pas de mauvais sang pour moi. J'ai reçu votre lettre du 29 juillet mais j'attends toujours celles qui ont été au 29.

Je crois que l'on peut difficilement tomber dans ce secteur plus tranquille que le nôtre aussi on ne s'en fait pas. Mille baisers pour toute la famille

NDLR : *carte de correspondance des armées de la République, carte de franchise sur laquelle est écrit : « cette carte doit être remise au vaguemestre. Elle ne doit porter aucune indication du lieu d'envoi ni aucun renseignement sur les opérations militaires passées ou futures ; s'il en était autrement, elle ne serait pas transmise. »*

4 août 1916 :
Chers parents, je ne suis pas resté en ligne longtemps : une journée. Le secteur était trop bon, aussi on s'est empressé de nous faire déménager. La nuit dernière j'ai eu l'occasion de la passer dans le triste patelin de Poincarré, et je suis actuellement en réserve à 2 km des boches, dans mon nouveau secteur où je suis arrivé ce matin. Aussi, je m'attends à grimper en ligne ce soir mais je ne m'en fais pas pour cela ; mais malgré tout je vais regretter SM (*probablement Saint Mihiel*) car alors on n'y était tout à fait tranquille. J'ai reçu votre colis et votre mandat et une lettre du 25, aussi vous ne m'envoyez plus rien jusqu'à ce que je vous demande quelque chose car si jamais je ne restais pas ici, je ne voudrais pas me charger. C'est tout ce qu'il y a de neuf. J'ai reçu des nouvelles de Lurcy mais du 25.
Enfin je pense que le grand-père et la grand-mère sont vers vous actuellement. Donnez-leur bien le bonjour de ma part.
Mille baisers en attendant de vos nouvelles.

8 août 1916 :
Chers parents, merci de vos bonnes nouvelles qui me font toujours plaisir. Je n'ai pu vous écrire ces 3 derniers jours étant trop occupé. J'ai eu plusieurs lignes installées par là, aussi j'ai boulotté pas mal de kilomètres jusqu'à…(*illisible*) et ai réintégré mon poste en ligne. Je ne suis pas mal tranquille, j'ai un peu de boulot car j'ai un poste central de secteur mais je ne m'en fais pas trop.
Ce matin j'ai déjà couru dans tous les boyaux car ces boches nous ont emmerdés toute la nuit avec leurs minenwerfer et ils avaient trouvé le moyen de me couper la ligne dans plusieurs endroits. Enfin tout va bien maintenant, ils n'ont plus qu'à

64

recommencer ce soir pour qu'on les répare à nouveau demain. Je vous assure que je ne m'en fais pas un poil.

Je suis avec un type de Chagny et Quesnel, De Nolay, tous trois de la classe 16, aussi on s'entend très bien. Charpy est monté en ligne hier soir. Buchillet est dans la mitraille et est au repos actuellement ainsi que Bury. Nous, nous faisons quatre à six jours de ligne et deux jours de garde au poste du colonel, qui comptent comme repos. Mais on peut trouver tout ce qu'il nous faut grâce aux coopératives. Nous payons la bière 0.4 s le litre et le vin 15 sous. Aussi vous voyez que ce n'est pas trop cher.

J'ai reçu colis, mandat lettre etc. aussi ne m'envoyez rien avant nouvelle demande de ma part, mais ne vous en faites pas un poil pour moi. Je pense que la mémé est avec vous, aussi vous lui direz qu'elle m'écrive une longue lettre pour me raconter comment tout s'est passé. Est-ce que Simone était plus gentille pour eux ces derniers temps ?

Bons baisers de votre fils qui vous embrasse tous bien fort en attendant de vos nouvelles.

PS : bonjour à Charolais.

9 août 1916 :

Chers parents, rien de nouveau depuis hier. Toujours les mêmes boches et leurs minen, dont ils ne sont toujours pas chiens. Mais je fais mon petit boulot tranquillement autant que les boches me le permettent. Nous sommes assez bien ravitaillés et du reste je peux me ravitailler en tout, aussi pour résumer je manque de rien. Je vais bien, je mange bien, je bois bien.

Ne vous faites pas de mauvais sang.

Embrassez bien toute la famille pour moi et en attendant de vos nouvelles je vous embrasse tous bien fort.

10 août 1916 : carte en franchise.

Chers parents, j'ai reçu votre paquet qui m'a fait grand plaisir. Merci de me gâter comme cela, aussi attendez avant de m'envoyer de nouveau. Je pense que vous devez être tous en famille actuellement.

Je suis toujours très bien et suis toujours en ligne et si ce n'était des minen dont ils nous arrosent copieusement, on serait tout à fait tranquille. Mais que voulez-vous, c'est la guerre…

J'ai vu Brusson et Guyonnet en faisant ma tournée sur la ligne ce matin. Je vais tacher de voir Charpy demain.

Embrassez toute la famille pour moi, mille bons baisers

11 août 1916 : message téléphoné :

Chers parents, je suis toujours en excellente santé et vous remercie de votre paquet d'hier. Rien de nouveau vers moi. Je descends pour 2 jours au poste du colonel et remonterai ensuite. Je ne m'en fais toujours pas pour le moment, soyez donc de même.

Bons baisers pour toute la famille en attendant de vos nouvelles.

Remis à corvée de soupe à 9h30

14 août 1916 :

Chers parents, je suis toujours en excellente santé. Toujours rien de nouveau, à part un léger mal de reins depuis 3 jours mais je pense que cela passera comme c'est venu. Je suis un peu plus en avant, à quelques mètres des boches mais ne vous en faites pas pour cela, les fritz sont très raisonnables depuis hier.

J'ai vu Charpy, Bruce, Guyonnet qui descendaient au repos hier. Je suis assez bien installé dans ma cagna et je suis obligé de supporter les inconvénients de ma taille car assis, en me redressant, je touche les tôles ondulées qui forment le plafond et étant couché, je suis obligé de me recroqueviller car les étais de sapin qui soutiennent la baraque ne me laissent qu'1.50 m de profondeur. Mais l'essentiel c'est que la cagna est très propre.

15 août 1916 :
Chers parents, j'ai reçu la lettre de la maman où elle me disait qu'elle n'avait rien reçu depuis 3 jours et je pense que c'est pendant les étapes.
Je suis toujours ici et n'ai rien de nouveau à vous apprendre depuis ma lettre d'hier que vous recevez sûrement en même temps que celle-ci puisque je n'ai pu la faire partir hier. En tout cas il ne faut pas vous inquiéter quand vous êtes sans nouvelles. Dans certains cas il nous est très difficile de faire partir nos lettres. Pour le moment tout va bien mais j'ai bien été 15 jours sans recevoir une seule lettre de personne. Maintenant tout va bien, elles mettent 5 jours seulement pour venir au bois mulot. *(Le bois mulot se situe en forêt d'Apremont près de Saint Mihiel).* Elles doivent en mettre autant pour vous arriver. C'est ce qui fait que je n'ai pu vous écrire le 3 et 4 août et puis suffit que je ne vous écrive pas une journée pour que vous disiez : « on n'a rien reçu depuis trois jours ». Enfin je suis loin de vous en vouloir, au contraire, je n'ai besoin de rien car il fait chaud tous ces temps et puis j'ai encore la moitié du saucisson du dernier colis et le gros entier de la permission
Mille baisers pour toute la famille

14 août 1916 : carte :
Chers parents, je suis en excellente santé. Pas grand nouveau depuis 2 jours. Je remonte ce soir. J'ai reçu la lettre de la Guite.
Le principal dans l'appareil est l'objectif qui fait à peu près tout, maintenant c'est tout ce que je peux vous dire car je n'y connais absolument rien.
Bons baisers pour toute la famille

16 août 1916 :

Chers parents, je suis toujours en bonne santé. Je n'ai pas reçu de lettre aujourd'hui. Il est probable que j'en aurai plusieurs demain. Je suis toujours dans ma cagna, n'ai pas grand nouveau à vous apprendre. J'ai toujours un peu mal aux reins mais je pense que c'est d'être continuellement fêté et que je serais plus heureux dans mon prochain poste. Les fritz sont un peu plus sages, ils nous ont envoyé moins de mines ces derniers jours mais par contre ils arrosent les boyaux de grenades à fusil.

Je crois que c'est les bavarois qu'on a en face de nous pour le moment mais je crois que c'est tout de la graine de Fritz.

Enfin ne vous en faites pas pour le moment, il faut espérer que dans 2 ans tout sera fini.

(NDLR : *étonnant et funeste présage : deux ans plus tard presque jour pour jour, il sera tué.)*

Je n'ai besoin de rien pour le moment dès que j'aurai besoin de quelque chose je vous avertirai. Soyez sans inquiétude.

Embrassez bien le pépé, la mémé ainsi que toute la famille pour moi.

18 août 1916 :

Chers parents, je viens d'être relevé de mon trou aussi du coup je n'ai plus ni maux de reins ni de tête. Je suis jusqu'à demain soir au poste du colon, aussi, comme on a un peu de liberté, j'en ai profité pour faire une lessive.

J'en remontrerai à la mère Gutefin et je ne brûle pas le linge, car c'est à peine si j'ai un morceau de savon, mais à force de frotter c'est tout de même blanc.

Demain je remonte à… (*illisible*) vieille Bourgogne aussi je ne serai pas bien malheureux pour quelques jours. J'ai reçu des nouvelles de Charolais. Il me dit qu'il a le cafard mais cela se passera sûrement vite, du moins je le pense. Quant à moi je m'en fais le moins possible et n'ai toujours besoin de rien.

Mille baisers pour toute la famille, votre fils qui vous embrasse bien fort

20 août 1916 :
Chers parents, merci de la lettre de la maman que je reçois à l'instant. Rien de nouveau à vous apprendre. Je suis tout de même guéri, mais je commençais à en avoir marre la semaine dernière. Je pense que c'est dimanche aujourd'hui, ce doit être la Saint Philibert à Tournus. Je pense que l'on pourra peut-être la faire dans trois ans. Je suis remonté hier pour ne plus redescendre avant d'être relevé du secteur car l'état-major est formé et ceux qui en font partie ne remontent plus nous relever, aussi j'ai bien fait de faire ma lessive car si on est ici pour plusieurs mois, je ne pourrais me changer. Ce matin j'ai tué 2 Totos et je crois que l'un d'eux avait la Croix de Fer sur le dos, il était « maous ». *(TOTO : dénomination familière donnée par les poilus au pou dont ils étaient envahis)*
C'est à peu près tout ce qu'il y a de nouveau pour le moment
Bons baisers pour toute la famille.

21 août 1916 :
Chers parents, je vais assez bien pour le moment mais je suis boulotté par les poux. Vous parlez d'un supplice ! Il faut en avoir 300 ou 400 sur soi pour savoir ce que c'est. J'en ai bien tué 300 hier, à lui seul le col de ma veste en renfermait bien 200. Enfin j'ai cherché dans ma chemise et ce matin j'en ai tout de même moins trouvé. Je ne sais pas s'il y a quelque chose à faire en tout cas, cela peuple vite, avant-hier je n'en avais que 2, hier soir j'en étais plein. Si vous connaissez un truc ou quelque chose d'efficace, dépêchez-vous de me le faire connaître. Vous pouvez croire que le temps me dure d'être rongé par cette vermine car enfin en les cherchant

minutieusement tous les jours j'arriverai peut-être en avoir moins, du moins je l'espère.

Je suis toujours là en ligne assez tranquille pour le moment. Je fais mon boulot tranquillement et personne ne me dit rien. Nous ne devons pas avoir grand-chose devant nous pour le moment car les patrouilles vont se balader sur le parapet boche sans être inquiétées. Il ne doit y avoir que des mitrailleurs, des artilleurs avec leur crapouillot et minen, et des batteries de fusils à Grenade. Ils tirent peut-être tout de même en homme cette fois. Mais le bout n'en est pas encore là pour tout cela.

Je n'ai toujours besoin de rien pour le moment à moins que vous ayez un fusil à Toto, dans ce cas n'attendez pas pour me l'envoyer.

Mille baisers pour vous.

23 août 1916 :
Chers parents je suis toujours en excellente santé et continue avec mes poux, mais j'en ai tout de même moins. Je suis toujours le même malgré cela. Les boches ont chanté tout le matin à tue-tête et comme cela durait trop longtemps, une grenade a suffi pour les rappeler à la réalité.

Rien de nouveau je suis toujours à mon poste et, ma foi assez tranquille pour le moment ; ne vous faites pas de mauvais sang, il ne me manque toujours rien. J'ai reçu une lettre de Simone, elle n'est tout de même plus fâchée contre moi.

Je termine en vous embrassant tous bien fort

25 août 1916 : carte correspondance.
Chers parents, je suis en excellente santé encore pour le moment. Aujourd'hui le temps me manque aussi je vous écrirai plus longtemps demain. Je descends au repos ce soir et vais revoir mes fritz dès ce matin. Tout va bien pour le moment.

Mille baisers pour toute la famille

<u>26 août 1916</u> :

Chers parents, je suis toujours en bonne santé, tranquille, depuis hier soir au repos. Comme nous avons reçu pas mal de renfort, nous avons tout de même pu nous organiser un service de relève. Aussi j'en ai profité hier soir. Nous sommes au repos dans un ravin à 2 km des lignes, aussi c'est un repos si on veut bien, nous bricolons d'un côté de l'autre sur les lignes, seulement on a la nuit de bonne pour nous. Hier matin nous avons eu une petite attaque boche sur une compagnie, mais après une demi-heure de lutte à la grenade ils ont pu s'enfuir à la faveur du crépuscule en laissant cinq morts dans nos lignes mais en emmenant leurs blessés. En tout cas ils n'ont pu parvenir à nous faire des prisonniers.

C'est du 20éme qui a attaqué mais cette nuit a été très calme. Je pense qu'ils resteront tranquilles maintenant quelques jours, une petite purge de temps en temps, ça les calme.

Seulement je ne me faisais pas gros, car les boches faisaient un barrage avec les mines, aussi à chaque coup, le déplacement d'air me fichait un sac de terre par terre. Inutile de dire que la cagna était pleine de fumée. Enfin tout s'est passé au mieux.

Dans la matinée nous avions forcé un boche à atterrir il n'est pas tombé verticalement mais c'est tout juste s'il a pu rentrer chez les boches

J'ai reçu des nouvelles de la mémé ainsi que 10 francs. Je n'ai toujours besoin de rien pour le moment.

Je termine en vous embrassant tous bien fort en attendant de vos nouvelles.

<u>27 août 1916</u> : carte :

Chers parents, je suis toujours en excellente santé et au repos pour le moment. J'ai vu Bury, il va toujours bien. Les copains de la région sont tous en bonne santé. Je ne me fais toujours pas de mauvais sang. Rien de nouveau

28 août 1916 : carte :
Je vais très bien et pense monter en ligne demain. Ne vous inquiétez pas pour moi. Mettez-moi du papier à lettres dans vos lettres. Toujours rien de nouveau. Vous avez dû voir les communiqués du 27 août 15 heures. Les camarades sont tous en bonne santé.
Bons baisers pour tous

29 août 1916 :
Chers parents, je suis toujours en bonne santé. Pas grand nouveau à vous dire ; J'ai reçu une lettre de Simone hier soir au moment où je m'apprêtais à sortir dehors pour voir ce qui se passait d'anormal lorsque le copain qui était sorti pendant que je lisais la lettre rentrait brusquement dans la cagna de repos et tournoyait sur lui-même frappé d'une balle à l'œil ; enfin, je pense que l'on pourra lui sauver la vie. Aussi vous voyez que je puis remercier Simone que sa lettre soit parvenue le 28 à 20h car sans cela j'aurais fort risqué d'en attraper une au vol, et je n'en pince nullement pour les blessures mêmes « bonnes ». Les fritz commencent à être emmerdants avec leurs patrouilles, coup de mains, et attaques depuis quelques jours. On les laisse tranquille et il faut qu'ils nous agacent.
Enfin ne vous faites pas de mauvais sang pour moi
Mille baisers en attendant de vos nouvelles

31 août 1916 :
Chers parents, je suis en excellente santé et ai reçu un paquet hier. Je vais expérimenter le contenu demain en ligne. Pas de grand nouveau à vous raconter. Je monte dans un bon poste pour 6 jours aussi ne vous en faites pas pour moi. Je suis avec un type de la classe 14, réformé, rappelé, qui a traîné dans tous les hôpitaux depuis son incorporation et est arrivée en renfort dernièrement. Il est de Lyon, étudiant, philosophe, politicien,

72

aussi, il vaut avec ses théories sur le naturalisme. Je m'amuse de l'entendre discuter. Comme c'est son premier séjour, il vient voir tous les postes avancés mais il commence déjà à en rabattre. Je pense que dans 8 jours il sera civilisé comme nous autres…

Je termine en vous embrassant tous bien fort en attendant de vos nouvelles.

Bons baisers pour tous

1er septembre 1916 :

Chères maman et sœur, je suis au repos pour le moment après avoir passé deux jours dans la cité meusienne. Il est arrivé contre ordre et au lieu de monter en ligne, les camions nous ont ramené au repos. Nous sommes dans la Meuse à 60 km de Verdun près du coin où j'ai reçu le baptême du feu. Mais malgré cela je crois que nous ne perdons rien pour attendre.

Comme je ne m'attendais pas à ce coup-là, je vais un peu tirer la langue aussi vous m'enverrez un mandat de vingt francs le plus tôt possible. Je ne vois pas grand-chose à vous dire, nous sommes bien les pions que l'on pousse et fait danser à la guise de ces messieurs.

Je vous quitte car nous avons embarqué hier à vingt et une heures pour arriver ce matin à cinq heures. Aussi j'ai le ventre démoli et je vais tâcher de me reposer un peu. Soignez-vous toutes deux comme moi le mieux possible et embrasser bien toute la famille pour moi

Bons baisers

2 septembre 1916

Chers parents, merci de vos nouvelles. Je vais bien. Rien de nouveau ici ; je suis toujours en ligne et ne m'en fais pas un poil pour le moment. J'ai obtenu de maigres résultats jusqu'à présent, mais ne désespère pas. Mon poste est assez bien et je n'y suis pas trop mal pour le moment, aussi ne vous inquiétez pas

Bons baisers pour toute la famille

Votre fils qui vous embrasse bien fort

3 septembre 1916 :

Chers parents, j'ai reçu une lettre de la maman et de la Guite hier du 1er ; je vais toujours bien et suis toujours dans ma cagna. Nous avons toujours du travail mais comme il y a 50 cm d'eau dans le boyau nous ne pouvons rien faire. Toute la nuit j'ai construit une barrière en terre à l'entrée du gourbi pour empêcher que l'eau ne s'introduise dans mon salon. Je m'épouvante pour aller à la soupe à dix heures, 2 km comme cela pour aller et autant pour revenir, ce n'est pas le filon. Enfin, comme il n'y a pas mal de brume les boches ne bombarderont peut-être pas aujourd'hui car je ne vais pas faire de contrôle sur la ligne par un temps pareil. Enfin si j'étais au créneau il faudrait bien y rester.

Figurez-vous qu'hier j'avais laissé mon bouteillon à la porte de la cagna. Aussi quand nous avons voulu aller chercher le jus ce matin, je me suis aperçu que ces fumiers avaient trouvé le moyen de me le percer de part en part par un petit éclat d'obus. Alors j'ai bouché les trous avec deux bouts de bois. C'est pas très hermétique mais il reste encore assez de jus dans la marmite lorsqu'on arrive aussi cela nous suffit.

J'ai fini par trouver un truc hier à force de chercher pour mettre en communication 2 lignes différentes dont l'une est chez moi sur un tableau interrupteur et l'autre sur un tableau à fiches ; il ne me reste plus qu'à installer un truc pour que je puisse rester à l'écoute sans les gêner dans leur causerie.

J'ai tout de même un peu moins de vermine ces jours-ci. La maman me demandait comment j'avais appris la nouvelle de la guerre de la Roumanie. Je l'ai annoncé en ligne au

74

commandant de compagnie et chef de section 2 heures avant qu'elle soit officiellement déclarée à l'Autriche. J'ai les journaux du soir qui portent l'indication 6 h matin à 7 h du soir par les cyclistes. Aussi nous savons tout ce qui se passe ; par exemple hier, on a fait 2000 prisonniers en Somme.

Vous voyez, pas question de nouvelles, nous sommes assez bien renseignés. Je vais vous quitter et termine en vous embrassant tous bien fort et en attendant de vos nouvelles

5 septembre 1916 :

Chers parents, je suis toujours avec mon philosophe à l'instant c'est-à-dire actuellement par conséquent à l'heure actuelle, à la seconde qui s'écoule maintenant, ma personne, c'est-à-dire moi-même votre fils, se porte très bien, excellemment bien.

Aussi vous voyez qu'une conversation comme cela est énervante. Alors voilà ma conversation lorsque je suis dans la cagna ; aussi vous pouvez croire que lorsque je peux monter pour la ligne je n'y manque pas, je vais voir les copains des postes voisins, cela me sort des théories sur la royauté, « l'action française », et en même temps je ne le vois pas sous les yeux aussi fainéant qu'il est.

Les boyaux sont praticables maintenant, aussi tout va bien. On passe toujours l'éternel « allo ».

Bons baisers pour tous

8 septembre 1916 :

Chers parents, je suis en excellente santé et au repos depuis 2 jours, je pense déjà remonter demain pour faire un remplacement mais je ne m'en fais toujours pas pour le moment. Nous avons pas mal de fil à retordre tous ces jours. Les fritz sont plus embêtants. Nous sommes bombardés constamment avec leurs fameux minen qui ne contiennent pas moins de 83 kg d'explosif, aussi ça vous bouche un boyau sur

5 m de longueur et après on cavale sur le parapet pour rétablir la liaison. Aussi, il y a des moments où ce n'est pas le filon. Je crois que le sort va nous attirer vers lui un de ces jours.

Georges est aux 329 d'infanterie vers Soissons. Quant à Louis et Jules, je suis sans nouvelles. Je termine en vous embrassant tous bien fort

9 septembre 1916 :
Chers parents, je suis en excellente santé, je vais très bien et vous écriai plus longuement demain ou après-demain. Je monte en ligne demain soir. Ne vous inquiétez pas pour moi.
Mille baisers pour toute la famille.

10 septembre 1916 :
Chers parents, je suis en excellente santé. J'ai reçu de vos nouvelles avant hier. Rien de nouveau pour moi. Aujourd'hui j'ai passé une bonne journée, c'est la première fois que je m'aperçois que c'est dimanche depuis que je suis aux 167. Il est arrivé toutes sortes d'histoires au type qui était avec moi, je ne sais comment cela va se terminer, mais je ne suis pas dedans. Nous avons fait un petit repas de famille que nous nous sommes confectionnés nous-mêmes. Cela améliore notre ordinaire.

Nous sommes une bonne équipe et nous nous entendons très bien. Malheureusement elle est gâtée par un cabot, enfin je me tiens à carreau avec lui et tout va bien. Je suis redescendu hier de ma journée de remplacement et pense remonter après-demain pour 6 jours. J'ai touché un chic froc en velours, aussi me voilà redevenu gandin, mais le mien était plutôt crassou.

La nourriture ne laisse pas trop à désirer pour le moment. Les cuistots s'occupent pas mal de leur affaire. Il est vrai que pour que l'on puisse tenir en ligne, nous ne pourrions pas si nous étions mal nourris. Il ne fait pas trop bon en ligne depuis quelque temps. On reçoit des mines constamment et pas des petites. Nous avons pas mal de boyaux et nous devons ramper. Malgré toute la bonne volonté, les fritz avancent plus à les démolir que nous à les refaire. Enfin je n'ai pas trop le cafard du reste je pense vous voir autour de Noël, aussi à bientôt et en attendant de vos nouvelles je vous embrasse tous bien fort.

12 septembre 1916 : carte
Chers parents, je suis toujours en bonne santé, je monte en ligne ce soir aussi ne vous en faites pas, je vous écrirai plus longuement une fois là-haut. J'ai reçu une lettre de grand-mère, ...(illisible) est aux Eparges encore une fois.
Bons baisers pour tous en attendant de vos nouvelles.

NDLR : la crête des Eparges, haute de 346 m est un point stratégique qui domine la plaine de la Woevre ; Dès septembre 14 elle est occupée et puissamment fortifiée par les Allemands ; siège de combats incessants et meurtriers en particulier par l'utilisation de mines sous terraines.

13 septembre 1916 :
Chers parents, je suis ici depuis hier soir. Je pense y être pour 6 jours. La première nuit s'est déjà bien passée, aussi il n'y a pas de raison pour que cela ne continue point. Je vais toujours bien ainsi que mes totos. Je n'ai besoin de rien pour le moment. Lorsque je serai dans la purée je ferai un appel de fonds.
Le copain qui a été blessé va bien : on a pu lui extraire la balle retrouvée dans l'œil et il est en bonne voie de guérison. La guerre est toujours finie pour lui. Le type qui était avec moi est versé dans une compagnie. Je crois que j'aurais moins de mal que la dernière fois après mes lignes.

Tout marche très bien pour le moment je me dépêche car j'ai encore plusieurs lettres à faire avant que le jus arrive et il est déjà 3h30
Bons baisers pour tous

14 septembre 1916 : maison blanche
Chers parents, merci de votre lettre et de la carte de la Guite. Elle a raison de profiter de ses vacances. Quant à moi, je vais toujours bien et suis assez tranquille depuis que je suis monté. Malgré les bombardements mes lignes marchent bien, aussi c'est le paradis à côté de l'enfer de la semaine dernière. Je ne vois pas grand-chose à vous demander. Enfin si vous y tenez par trop, vous pouvez m'envoyer un colis de bricoles.
Bons baisers pour tous en attendant de vos nouvelles

15 septembre 1916 :
Chers parents, je reçois à l'instant de vos nouvelles. Je vais très bien pour le moment. Ce matin, les boches ont fait sauter notre ancienne première ligne et nous n'avons eu que quatre blessés à 5h10 et jusqu'à 7h la cagna dansait. Les minenwerfer, les 77, 88, nos crapouillots, mortiers, tir de barrage, grenades tapaient dur ; c'étaient des dizaines d'explosions à la fois. J'ai usé une boîte d'allumettes après ma bougie. On attend que le brouillard soit dissipé pour voir au juste ce qui s'est passé. Nos poilus sont en train de s'organiser sur une des lèvres des deux entonnoirs. En tout cas, les boches n'ont toujours pas réussi puisque nous n'avons pas eu de mort et, en somme, que des dégâts matériels. Le bruit que le 8éme corps irait à Salonique, aussi nous restions alors attachés au secteur comme l'était auparavant le 56. Je vous donne ça comme reçu de la brigade.
Enfin, je pense que les boches resteront tranquilles maintenant ; il y avait plus de dix jours que nos patrouilles voyaient les

78

boches transporter des caisses de Chedid, aussi ils ne recommenceront sûrement pas avant quelques jours.

Enfin, ne vous faites pas de mauvais sang pour moi, je vais toujours bien. Maintenant pour le renseignement, ils ont été refaits 2000 à la fois aussi on ne peut rien savoir mais il y en a beaucoup qui commencent d'écrire. Bons baisers pour tous

NDLR : cette lettre a été très difficile à déchiffrer, visiblement écrite dans des conditions pour le moins inconfortables, ce qui explique sans doute qu'elle soit peu compréhensible.

17 septembre 1916 : carte

Je suis en excellente santé et je vous remercie de vos nouvelles. Sans nouvelles de Jules, aussi dites-moi son adresse aussi tôt que possible. J'ai reçu des nouvelles de Louis Bouillon. Je suis pressé et vous écrirai plus longuement demain. Simone est-elle à Tournus ?

Mille baisers

18 septembre 1916 :

Chers parents, je suis toujours en bonne santé pour le moment. Nous nous attendions à resauter encore cette nuit mais ce sera probablement pour plus tard. Enfin je descends au repos au ravin ce soir. Les Fritz bûchent comme des souris tous ces jours, il va sûrement se passer quelque chose. J'ai peur et j'ai bien peur que cela fasse comme en avril 15. En tout cas, notre deuxième bataillon est revenu de Saint-Mihiel et a relevé les territoriaux qui étaient à notre gauche. Enfin je vais attendre les événements et j'ai autant de chance que les autres de m'en sauver. En tout cas je suis content de descendre au repos ce soir, je ne sauterai toujours pas pendant ces six jours. J'ai reçu des nouvelles de Louis, il part en auto pour l'inconnu. Je crois qu'il est encore plus à plaindre que moi car lui qui a toujours un petit truc et être obligé du jour au lendemain à marcher dans

79

le rang c'est plutôt dur pour lui. Je suis sans nouvelles de Jules. Aussi j'ai bien peur qu'il ne soit parti mais tous les bons alpins ne sont pas en Somme, il y en a du côté de bois le prêtre. Je souhaite qu'il ne monte pas là-haut tout de suite, car il paraît que ça tombe et que chaque m2 coûte cher en hommes. Je vais toujours bien et m'en fais le moins possible. Malheureusement il y a des moments où l'on est forcé de s'en faire.

Enfin espérons que tout finira plus vite que l'on ne pense, mais mon idée, et je doute me tromper, il doit y en avoir encore pour plus d'un an. Naturellement il n'y a plus de boches, seulement l'état-major en a identifié 124 divisions sur le front français et ce n'est pas des gens résolus à faire camarades, je m'en suis rendu compte à l'attaque du 25.

Enfin, mille baisers pour tous et à bientôt de vos nouvelles, votre fils qui vous embrasse bien fort

19 septembre 1916 :
Chers parents, je n'ai reçu des nouvelles de personne ce matin. Je vais toujours bien. Je pensais descendre au repos mais j'ai 5 copains qui sont partis à la brigade, aussi l'équipe est complètement démontée et, comme je suis un des seuls qui connaissent totalement le réseau téléphonique du secteur, le lieutenant m'a prié de rester auprès du chef de bataillon encore 6 jours, c'est ce qui fait que je suis encore là. C'est à peu près tout ce qu'on gagne à faire son boulot consciencieusement. Enfin depuis hier il y a beaucoup de brouillard et à part les grosses marmites que l'on entend passer au-dessus de nos têtes et qui vont tomber sur Commercy, le secteur est calme pour nous autres, mais un homme prévenu en vaut deux et on les attend.

Ma foi, ne vous en faites pas pour moi. Donnez-moi des nouvelles de Jules de Simone. Que font-ils l'un et l'autre ? Je termine en vous embrassant tous bien fort en attendant de vos bonnes nouvelles

80

Bons baisers pour toute la famille

20 septembre 1916 :
Chers parents, je reçois à l'instant votre lettre du 16 septembre qui a été loin de me faire plaisir. Enfin il fallait s'y attendre. Simone n'aura pas eu beaucoup de temps à passer avec lui. Je crois qu'elle se plaira bien avec la mémé, et sera bien mieux en famille qu'à Lurcy ou St Menoux ; Je pense qu'elle ira chercher la Guite qui la distraira de ses idées noires et que sa maladie était due au départ de Jules. Mais elle sera donc vite remise au milieu de vous. En tout cas, je vous recommande de ne pas vous faire de mauvais sang si Jules ne reçoit rien avant 15 jours et de ne pas lui envoyer de colis avant d'avoir son adresse exacte : bataillons, compagnies et secteurs , car autrement ils risqueraient d'être plus que probablement perdus ; maintenant il ne faut pas vous effrayer outre mesure car il est probable qu'au moins lui sera plus chanceux que moi et sera versé encore pour quelques temps à la compagnie divisionnaire, c'est-à-dire une compagnie qui suit le bataillon a une dizaine de kilomètres en arrière et dans laquelle on puise les renforts lorsque les besoins s'en font sentir. Aussi il sera sûrement bien encore quelque temps tranquille. En tout cas dès que vous aurez son adresse vous ne manquerez pas de me l'indiquer.
Pardonnez-moi la goujaterie qui est sur ma lettre mais je n'ai pas le temps de la refaire. Figurez-vous que j'ai aperçu une souris qui mangeait mon saucisson. Aussi je lui ai saisi la queue avec une pince et pendant que je l'assommai avec ma règle, la lettre est tombée sans que je m'en aperçoive et j'ai mis les pieds dessus. Enfin, je me hâte, je vous ai demandé un petit colis il y a quatre ou cinq jours, c'est tout ce que j'ai besoin.

Bons baisers pour toute la famille sans oublier le pépé, la mémé et Simone et à bientôt de vos nouvelles
Votre fils qui vous embrasse

21 septembre 1916 :
Chers parents, je suis en excellente santé, toujours en ligne et pas grand nouveau à vous apprendre et on finit par s'y habituer. Depuis hier j'ai un petit chat gris zébré aussi il nous distrait bien et il vient dormir vers moi sous ma couverture. Il est tout petit mais il a déjà des envies d'escapades. Hier je l'ai rattrapé dans le boyau et cette nuit pendant que j'étais de garde, il s'était introduit dans l'abri du commandant et miaulait comme un perdu. Vous pensez si je me suis empressé de le reprendre. Pour le moment, comme il voit que je suis occupé et que je ne l'amuse pas, il s'est résigné et dort à côté de moi. Pour le moment le commandant sort furieux : on vient de lui annoncer que les boches sont en train de faire de la musique, mais une vingtaine de 75 vont rétablir le silence car ils se foutent tout de même par trop du peuple... c'est épatant on ne peut se faire une idée de l'esprit de bravade de ces gens-là. On les entend siffler jusque dans les petits postes avancés, à 2 ou 3 m du notre.
Nous sommes relativement tranquilles depuis quelque temps. Toujours rien dans le secteur. Je viens d'être obligé de déplacer mon chat car il était étendu et ne me laissait plus de place mais il ronfle déjà de nouveau. Ici il fait un temps pluvieux et brumeux assez désagréable. Le vin va sûrement s'en ressentir si ce temps continu. Que fait la mémé ? Je pense qu'ils s'entendent tout trois très bien avec Simone. Je leur enverrai un mot si j'ai le temps dans un instant.
En attendant de vos nouvelles, je termine en vous embrassant bien fort

23 septembre 1916 :
Je suis toujours en ligne et rien de nouveau à vous apprendre. J'ai reçu 2 mots de Simone qui me dit qu'elle est vers vous et qu'elle pense aller chercher la Guite. Je vais très bien et n'ai toujours rien reçu de Jules. Je ne vous ai pas écrit hier car je n'avais pu faire partir ma lettre du 21. Je me dépêche car nous changeons un poste de place car les fritz ont déjà démoli l'entrée à 2 reprises aussi il est plus prudent de déménager que d'attendre un troisième bombardement.
Mille baisers pour toute la famille

24 septembre 1916
Chers parents, merci de la lettre de la maman du 19. Je suis toujours à mon poste en bonne santé. Nous avons encore passé une nuit agitée aussi j'attends ce soir pour pouvoir au moins dormir tranquille pendant la nuit. 12 jours de suite commencent à bien faire. Mais nous avons reçu 8 téléphonistes qui ont été demandés aux compagnies, aussi une fois qu'ils seront au courant, cela ira tout de même mieux, car s'il fallait rester 12 jours chaque fois on en aurait tout de même marre et suffi que l'on relève une portion de ligne pour que aussitôt ils nous la fichent en l'air. Hier, un 88 qui n'éclate pas trouve le moyen de se piquer dans le parapet et de me couper 2 lignes, voyez que c'est la déveine. Enfin ils respectent l'homme, il ne m'en faut pas plus.
Bons baisers pour toute la famille, votre fils

26 septembre 1916 :
Chers parents, je suis en excellente santé et n'ai pas pu vous écrire hier, j'étais trop occupé à me décrasser et à tuer mes poux.
J'ai trouvé un type de Mancey, ses parents sont au Moulin Joly depuis peu. Il est de la première compagnie et fait fonction

83

d'homme de soupe. C'est lui qui me ravitaillait lorsque j'étais au poste ; je viens d'apprendre aujourd'hui seulement qu'il est de Tournus.

J'ai reçu la lettre de Simone du 23 qui a été mise à la poste le 22. Jules est-il dans la mitraille ?

Il sera plus tranquille enfin je le pense.

Georges Demortiere est dans l'Aisne très tranquille, du moins il le dit.

Ne vous en faites toujours pas

Bons baisers à toute la famille

27 septembre 1916 :

Chers parents, je suis au repos et en bonne santé. Je vais toujours très bien pour le moment. Vous pouvez croire que j'étais heureux d'être au repos, au moins je peux dormir tranquille. Le jour, nous travaillons dans les boyaux. Nous plaçons toutes les lignes sur des petits morceaux de bois carrés, ce sera plus commode pour suive les lignes la nuit et plus propre aussi. Il y en a des kilomètres à placer et c'est pas le moment de taper à coups redoublés en première ligne pour les placer.

Ne vous faites toujours pas de mauvais sang et bons baisers pour toute la famille en attendant de vos bonnes nouvelles.

2 octobre 1916 :

Chers parents, je vais toujours très bien et n'ai pu vous donner de mes nouvelles étant occupé depuis que je suis monté à faire un pilotis avec des planches pour ne pas barboter dans ma guitoune. Enfin j'ai à peu près fini et j'aurais les pieds un peu plus au sec que la première nuit. J'attendais un colis et je me suis laissé prendre, mais hier j'ai fait mes provisions et maintenant je peux l'attendre encore. J'ai reçu des bonnes nouvelles de Jules. Il est au repos et très content. Il pense déjà

aller en permission dans 3 mois. Je vais me trouver quand lui à peu près. Je me dépêche car le temps me manque. Ne vous inquiétez pas pour moi, mais je n'ai pu vous écrire ces jours derniers. Nous sommes toujours dans le même coin et ne vous inquiétez pas.
Bons baisers pour toute la famille

3 octobre 1916 :
Chers parents, je pense que vous avez reçu de mes nouvelles hier, je vais toujours bien et attends les lettres dans une demi-heure. Il pleut pour ne pas changer. Le temps commence à sentir l'hiver. Les permissions sont remises à 7 jours et à 10 %. Aussi, je partirai peut-être un peu plus tôt mais je peux encore attendre près de deux mois. Je n'ai rien de nouveau à vous apprendre. Je voudrais pouvoir vous faire des lettres de 4 pages mais je suis au bout de mon rouleau à la première, et puis, du reste je vais toujours bien pour le moment. Je pousse des « allo » de temps en temps, aussi je peux tenir le coup pour le moment. J'ai écrit à la mémé cette nuit et je vais attendre le courrier pour fermer ma lettre. Je termine ma lettre, je viens de recevoir la lettre où la maman me dit qu'elle a vu Guyonnet et une de Charolais toujours au repos.
Bons baisers pour toute la famille

4 octobre 1916
Chers parents, je vais toujours bien, rien de nouveau. Tout est relativement calme depuis quelques jours. Je pense avoir le colis que vous avez remis à Guyonnet demain. Jules ne s'en fait toujours pas pour le moment, il a retrouvé des pays.
Bons baisers pour toute la famille votre fils

5 octobre 1916

Chers parents, merci de votre gentille lettre qui m'a fait grand plaisir. Je vais toujours très bien pour le moment, un léger mal de dents mais par le temps que nous avons ce n'est pas étonnant.

Toujours rien de changé, je me trouve actuellement dans le poste où j'ai débuté, et maintenant que j'ai installé les planches, nous n'avons plus les pieds dans l'eau. Il n'y aurait plus qu'à y placer des tôles pour empêcher la pluie de pénétrer, aussi, si je reviens, je tacherai de le faire la prochaine fois. Je rentre de réparer Simone (c'est le nom que porte un petit poste avancé ainsi que la ligne qui nous y relit) il y a deux jours que la ligne n'avait pas été coupée. Tout va bien par ici pour le moment.

J'ai été voir mon chat hier, je l'ai laissée à mon ancien poste il va très bien, aussi vous tranquilliserez la Guite. Comme nous ne remontons que rarement dans les mêmes postes, je l'ai laissé en consigne à ceux qui m'ont succédé. Je n'ai pas encore mon paquet, je pense l'avoir demain.

Chez Delongvert, ils n'ont pas de chance, ils étaient trop tranquilles; aussi il fallait bien qu'il leur arrive quelque chose, mais je pense que ce ne sera pas trop grave. Quant à ce que vous me dites de Blanchard, je n'en suis nullement étonné car moi qui ai déjà une sale tête, je n'y peux rien à côté de lui.

Tachez de bien vous soigner pour ne pas être malade lorsque j'irai en permission dans 1 mois et demi à 2 mois s'il n'y a rien de changé.

Bons baisers pour toute la famille

6 octobre 1916 : Bourgogne.
Chers parents, merci de la lettre du papa ainsi que celle de la mémé. Je vais toujours très bien pour le moment et aucun motif pour que cela change. Je pense descendre au repos ce soir aussi

ne vous étonnez pas si je vous écrirai moins souvent. Lorsque je suis en ligne, je fais mon possible pour vous écrire tous les jours, à moins de cas de force majeure, mais au repos, je me repose autant que je peux et la flemme aidant, je ne puis vous écrire que les 2 ou 3 jours mais ne vous en faites pas plus que moi. J'attends toujours mon colis, il va peut-être m'être remis ce soir, en tout cas je serais en bas et me renseignerai auprès des types du ravitaillement.

Les fritz vont bien, nous aussi, Kamarades pas trop méchants depuis 4 jours. Je pense que Jules est toujours en Seine inférieure.

Ce matin j'ai trotté sans arrêt pour changer mon appareil, j'avais 1 fils de coupé dans le microphone aussi j'ai changé tout le truc, et maintenant cela va. Enfin pourvu que cela marche jusqu'à ce soir, c'est tout ce qu'il me faut.

C'est tout ce que je vois à vous dire qui puisse vous intéresser.

Je vous quitte en vous embrassant tous bien fort en attendant de vos nouvelles

7 octobre 1916 :

Chers parents, j'ai reçu votre colis hier, je l'ai trouvé en descendant des lignes et, ma foi, si tôt vu si tôt englouti il a été victime et a fait les frais de la fête. C'était épatant, il ne reste plus que quelques bicots. Mille merci de toute l'équipe. Nous avons installé une cagna où nous sommes 4 et on ne s'en fait pas. Je me suis dépouillé toute la journée, j'ai été aux douches, ça ne fait pas de mal. J'ai demandé un laissez-passer pour aller à Commercy. Aussi, si nous l'avons, nous partirons tous 4 pour faire un petit brin de promenade et changer les idées. Les permissions marchent fort, aussi si cela continu, je tarderai pas d'être vers vous. Ne m'envoyez plus de colis maintenant, j'aime autant acheter ce que je veux. Je me dépêche pour faire enrager le copain qui est en face de moi. Ne vous en faites pas.

87

Je suis toujours sans nouvelles de Simone et n'ai reçu qu'une lettre de Jules.
Mille baisers pour toute la famille.

9 octobre 1916 :
Chers parents, je suis toujours en excellente santé. J'ai été à Commercy hier et j'en suis revenu content, mais les troupes étaient très fraîches, la flotte sur le dos tout le temps. Nous avons très bien boulotté et constaté que « on les aura »
Aussi, comme les gens de l'arrière, on ne se bile pas pour le moment, en attendant la permission de 7 jours.
J'ai fait la connaissance d'un nommé Ainy, ou quelque chose comme cela, de Boyer, et nous avons noyé la connaissance dans un vieux bidon de bière. Il est mitrailleur et c'est sa mère qui lui a écrit. Je pense que vous devez voir qui c'est.
Je vais toujours très bien et vous quitte en vous embrassant tous bien fort

10 octobre 1916 :
Chers parents, je suis toujours en excellente santé. J'ai reçu des nouvelles de Jules. Il est toujours en Seine inférieure. Je ne sais par exemple ce que fait Simone. Je ne vois pas grand-chose à vous dire. J'ai fait la connaissance de Erny. Je crois que Charpy va arriver en permission en même temps que ma lettre. Je lui ai dit de vous dire bonjour et de ne pas vous faire de mauvais sang. Je ne pense pas tarder d'aller en permission autour de la Toussaint (si ça marche bien). Vous paierez une vieille gnole à Charpy. Brusson va peut-être bien partir aussi mais il n'en est pas sur. Vous ne donnerez pas de colis à Charpy car je pourrais quelquefois être parti lorsqu'il va rentrer. En tout cas, ne vous en faites pas et bons baisers pour tous en attendant de vous voir.

13 octobre 1916 :

88

Chers parents, sans nouvelles de tout le monde depuis 3 jours, je ne m'en fais pas pour cela, je vais très bien quoique étant plutôt mal logé mais j'attends la perm dans 15 à 20 jours. Aussi je patiente en attendant. Ne vous en faites pas un poil pour moi. Pas grand nouveau, les fritz sont calmes, mais on leur refile des petites rafales d'une centaine d'obus qu'ils encaissent sans rien dire depuis 3 jours, et les rafales se suivent de près, aussi lorsqu'ils vont se mettre à nous répondre ils vont peut-être pas nous amuser mais cela ne fait rien.

Ne vous en faites pas et à bientôt de vos nouvelles.

PS : j'ai eu mes 20 ans hier aussi nous avons fêté avec 2 paquets de petits-beurre et une vieille bouteille de Bordeaux à votre bonne santé.

14 octobre 1916 :
Chers parents, je suis toujours en bonne santé. Merci de vos bonnes nouvelles. Je vais toujours très bien et termine en vous embrassant tous bien fort en attendant le plaisir de vous voir sous 15 à 20 jours.

16 octobre 1916 :
Chers parents, je suis toujours en excellente santé pour le moment. Le temps se rafraîchit toujours. J'ai reçu la lettre de la Guite hier et je la remercie de ces bonnes nouvelles, seulement, ou je suis fou, marteau, dingue ou j'écris mal ou vous me lisez mal ou je n'y comprends plus rien, je n'ai reçu aucune nouvelle de Simone depuis qu'elle a quitté Tournus, par conséquent, à moins d'une des raisons que j'ai énoncé plus haut, je n'ai pu vous dire qu'elle restait à Lurcy, Car la Guite me dit qu'à moi elle me dit qu'elle reste et qu'à vous elle dit qu'elle va rentrer bientôt alors qu'elle ne m'a pas écrit depuis qu'elle vous a quitté. (*vraiment difficile à suivre…*)

J'ai reçu des bonnes nouvelles de Jules, il ne s'en fait pas et continue de se balader en mulet, il paraît qu'il fait un bon cavalier.

Quant à moi, ne vous en faites pas, les jours se suivent ; on change de poste, la flotte tombe et toujours pas de changement. Enfin dans une quinzaine j'irai voir si réellement le civil tient et je pense que « on les aura », si c'est pas le fritz, ce sera la blessure ou la perm.

Ce matin en allant au jus à 5h30 alors que, pour chasser la flotte des souliers, je chantais en trottant dans le boyau, la chanson bien connue et qui effectivement ne pouvait être plus juste pour le moment « si je patauge sous la pluie battante, c'est pour toi, amour… etc.… ».

J'ai rencontré un de mes vieux copains du 56 qui venait de recevoir une balle dans le pouce. Il ne se s'en faisait pas un poil et n'avait pas l'air d'en être trop mécontent, aussi nous avons fait route ensemble en se rappelant le vieux temps de Carnot, et je l'ai quitté au poste de secours d'où il va filer sur un hôpital quelconque. Il passera une quinzaine de jours tranquille et pourra retourner en permission.

Mon chat est toujours dans mon ancien poste mais il n'engraisse pas et j'ai peur que les rats le boulottent un de ces jours. J'ai assez bavardé pour un coup et je termine en vous embrassant tous bien fort sans oublier la mémé et le pépé.

19 octobre 1916 :

Chers parents, excusez la modicité de mon papier, les temps sont si durs, la vie si chère, que je ne puis faire mieux. Je suis en excellente santé pour le moment et au repos pour 6 jours depuis hier. Pas grand nouveau, les permissionnaires ne partent pas vite, je puis compter encore 15 jours avant d'y aller, du 5 aux 10 je pense. Il pleut pour ne pas changer. J'ai reçu des nouvelles de Louis Bouillon. Il pense aller en perm autour du 15 septembre (sic !). Je ne sais si Simone est morte, je n'ai toujours rien reçu d'elle. Jules va toujours bien. Plus rien de nouveau.

Mille baisers en attendant de vos bonnes nouvelles.

20 octobre 1916 :

Chers parents, je suis toujours en bonne santé et au repos. Il fait un froid de chien depuis 2 jours, il gèle, aussi j'ai barboté des rognures de planche aux sapeurs et on fait un feu de corps de garde en attendant la permission. Les départs se font toujours lentement et il ne faut pas compter avant 15 jours du 1er aux 10, je ne m'en fais pas. Je pense que je n'aurais que 6 jours de ligne à faire, aussi je pense que Fritz restera tranquille et respectera ma permission.

C'est toujours assez calme pour le moment à côté des bombardements de mines des mois d'août et septembre. Ne vous en faites pas et bons baisers en attendant de vos bonnes nouvelles.

Votre fils qui vous embrasse bien fort

PS : je suis avec Chalumeau qui avait été voir le fond de la mère Bouillet avant Jules, aussi on a causé de la partie. Il connaît Chamaillard. Si Simone est vers vous, vous lui en ferez part, elle doit être au courant.

Bons baisers et à bientôt.

23 octobre 1916 :

Chers parents, je suis toujours en bonne santé et ai reçu de vos nouvelles ainsi que de Simone hier. Pas de nouveau par ici. Comme j'étais au repos je ne vous ai pas écrit souvent ces jours derniers mais ne vous en faites pas. Les permissions ne vont pas vite aussi ne m'attendez pas avant 15 jours. Tout va bien par ici. Ce matin je rentre de Mécrin ou j'avais été en corvée. Il a gelé assez dur hier et avant-hier, mais aujourd'hui il fait un temps magnifique.

J'ai reçu des nouvelles de Charolais. Il est toujours au repos et me dit que Bol doit aller en permission ces jours-ci. Jeanne m'a écrit une longue lettre pour ne pas me dire grand-chose. Ils vont tous très bien pour le moment et elle a fini de s'occuper de son patronage.

Louis bouillon pense aller en permission du 10 aux 15, ce qui fait que je pourrais peut-être le voir. On s'y trouvera à peu près ensemble.

Plus rien à vous dire. Bons baisers pour toute la famille.

24 octobre 1916 :

Chers parents, ne vous en faites pas, on les aura. Je grimpe en ligne ce soir. J'ai une bande de crapules à côté de moi et ne puis vous en de dire plus long ; Mille baisers.

NDLR : *plus de lettres jusqu'au 6/11/1916, ce qui signifie très probablement qu'il a enfin eu la permission tant attendue.*

6 novembre 1916 :

Chers parents, en route pour le rif ! !

Le cafard gratte un peu mais tout va bien. Bon voyage jusqu'à présent. Ne vous en faites pas pour moi, bonjour à toute la famille.

8 novembre 1916.

Je suis arrivé à bon port en excellente santé. J'ai trouvé tous les copains aussi je ne m'en fais pas j'ai déjà repris mon boulot ; je suis occupé à installer des antennes de TSF à 1500 m des fritz, aussi, tant que je resterai ici, je suis mieux qu'en ligne. Je ne m'en fais pas, seulement ils m'ont possédé et je n'ai pas pu manger à Commercy hier et si ce n'avait été d'un copain qui me passe du pain, je n'aurais pas pu manger. Enfin, tout va bien ; j'ai vu Brusson qui part en permission dans 2 jours et Buchillet qui part ce soir. Bury va y aller dans 8 jours. J'ai remis les 10 Fr. à un homme de soupe pour qu'il les remette à Bardet, mais il n'est plus homme de soupe, c'est ce qui fait que je n'ai pu le voir. Je vais m'occuper du colis d'Henry. Ce soir, je le ferai prévenir.

Je ne m'en fais pas pour le moment, du reste j'ai noyé le cafard et n'ai pas pu me coucher avant 10 heures hier soir, j'étais heureux de revoir tous les copains aussi je ne m'en fais pas, vous pouvez le croire. Bons baisers pour toute la famille

14 novembre 1916 :
Chers parents, je suis toujours en bonne santé pour le moment, je ne me fais pas trop de mauvais sens. Tout va bien à part les fusillades de nuit. Nous avons touché des fusils mitrailleurs, aussi, tous les matins il y a essai et c'est une fusillade pendant une bonne heure. Rien de nouveau pour moi, je suis en ligne et ne m'en fait pas trop. J'ai trouvé un vieux chat aussi toutes les nuits il fait la chasse. Seulement on s'est frotté avec à 11 heures pendant la soupe, aussi je ne sais pas si on le reverra. Il a arpenté le parapet en vitesse. S'il y reste jusqu'à demain matin, il est sûr d'y rester, mais il rentrera peut-être avant, je l'espère du moins.
Bien le bonjour à toute la famille, je termine en vous embrassant.

16 novembre 1916
Chers parents, je suis toujours en bonne santé pour le moment. Rien de nouveau dans le ce secteur. Mais il commence à s'agiter, il faut espérer qu'il redeviendra plus calme. J'ai reçu la lettre du papa je ne me fais toujours pas de bile, je n'ai pas

reçu de nouvelles de Jules mais vais attendre qu'il me réponde pour lui écrire. Je pense qu'il est toujours au repos. Je suis encore en ligne et peut-être descendrai-je demain mais je ne m'en inquiète peu. Il commence à geler pas mal fort ces jours-ci mais on se chauffe un peu la nuit, et le jour on se remue, aussi on peut tenir pour le moment.

Je pense que Simone est à Lurcy actuellement.

Bien le bonjour à toute la famille

17 novembre 1916 :
Chers parents, je suis toujours en excellente santé pour le moment. Il est probable que vous resterez quelques jours sans nouvelles mais ne vous inquiétez pas du moment que je vais bien. Nous reçevons pas mal de munitions tous ces jours mais nous sommes dans le même coin, aussi tout va bien. Je pense que Jules a écrit depuis la lettre de la maman. Ne vous faites pas de mauvais sang. J'ai reçu une carte de Georges, il est dans les fusils mitrailleurs.

Le papa doit être occupé avec son bois tous les jours mais je pense qu'il faudra bien regarder s'il ne trouve rien dans mes dernières enveloppes vous ne m'en parlez pas.

Bons baisers pour toute la famille

19 novembre 1916 :
Chers parents, je suis toujours en bonne santé et ne vous inquiétez pas de moi. Nous serons comme nous sommes aussi tranquilles encore une semaine de…(*illisible*) rien de nouveau par ici, je suis en repos depuis 2 jours. Je pense que vous avez reçu des nouvelles de Jules. Nous travaillons assez dur tous les jours, le boulot ne manque pas et je vous assure qu'il ne fait pas trop beau à attacher les fils et faire des ligatures de ce temps. Les boyaux ressemblent à un miroir, aussi on ne marche

94

pas très vite et ça glisse; enfin tout va bien pour le moment; je termine en vous embrassant tous bien fort.
Embrassez bien toute la famille pour moi.

20 novembre 1916 : carte
Chers parents, merci de votre lettre, je suis heureux que vous ayez des nouvelles de Jules. Toujours rien de nouveau vers moi, je vais faire un exercice de liaison téléphonique ce soir. Je vais toujours très bien et termine en vous embrassant bien fort en attendant de vos bonnes nouvelles.

21 novembre 1916 :
Chers parents, je suis toujours en bonne santé, rien de nouveau pour le moment. Je vais très bien. Hier, j'ai été faire le Jacques *(c'est-à-dire faire l'idiot, l'imbécile)* à la manœuvre, 24 km pour installer 100 m de fil et ce matin pour me refaire je suis monté boulonner en ligne et j'ai trouvé le moyen de recevoir un morceau de bois de clayonnage juste au-dessous de l'œil ce qui fait que j'ai une grande balafre qui part du coin de l'œil droit pour aboutir sous le nez. C'est le résultat d'une grenade à fusil, enfin malheureusement je ne suis pas assez touché du moment que j'ai dû retourner travailler ce soir.
J'ai reçu la lettre de Simone hier soir, vous la remercierez pour moi.
Embrassez bien toute la famille de ma part. Je termine en vous embrassant bien fort

23 novembre 1916 :
Chers parents, je suis toujours en bonne santé pour le moment. Je monte en 1re ligne ce soir, mais ne vous faites pas de mauvais sang. Nous sommes 2 qui montons en 1re ligne sur l'équipe et me trouve dedans mais ne vous en faites pas pour cela, ce sera peut-être la bonne blessure.

95

En tout cas j'ai confiance en moi même et me trouve avec les officiers de la 5ᵉ compagnie, par conséquent ne vous inquiétez pas. Je n'ai pas reçu de vos nouvelles depuis 4 jours mais je pense que vous allez bien et Jules aussi
Bons baisers pour toute la famille

24 novembre 1916 :
Chers parents, je suis toujours en excellente santé, ne vous inquiétez pas pour moi du moment que je vais bien. Je tâcherai de vous faire parvenir un mot demain matin mais ne vous inquiétez pas inutilement. Je suis dans mon trou avec le capitaine et peux encore tenir le coup en attendant. Je pense que Jules aura passé une bonne permission ; en tout cas, qu'il en profite et en attendant le plaisir de vous lire, je vous embrasse tous bien fort.

27 novembre 1916 : carte
Chers parents, je vous remercie de la lettre de Jules. Je vais toujours très bien ; rien de nouveau mais rien de trop chaud pour le moment bon baisers pour toute la famille.

2 décembre 1916 :
Chers parents, merci de votre colis que j'ai reçu hier soir. Je suis toujours en excellente santé. La grand-mère a reçu des nouvelles en même temps que vous. Vous verrez du reste la lettre. Je crois que nous partirons au repos sous peu, mais je suis sans nouvelles de vous depuis 8 jours et je n'ai reçu votre colis qu'hier soir. Je pense que toute la famille est en bonne santé et dans l'attente de vos bonnes nouvelles, je vous embrasse tous bien fort

4 décembre 1916 :
Chers parents, je suis toujours en excellente santé pour le moment. Nous sommes au repos dans un petit village de la Meuse de 300 habitants. Je ne pense pas que nous y serons longtemps, mais ne vous faites pas de mauvais sang pour moi. J'ai reçu une lettre de vous hier, du 28, il y avait 8 jours que je n'avais rien reçus de vous. Je vous dis que j'ai reçu votre paquet.
Si j'ai besoin de colis vous m'en enverrez mais vous pouvez m'en faire parvenir un tous les 8 jours, jusqu'à ce que je vous fasse cesser les envois.
Embrassez bien toute la famille pour moi, bons baisers en attendant de vos nouvelles.

7 décembre 1916 :
Chers parents, je suis toujours au repos et en bonne santé pour le moment. J'ai reçu la lettre du papa hier, je suis content de vous savoir en bonne santé. Je suis enrhumé depuis 4 jours et j'en suis passablement énervé, enfin il faut espérer que ce rhume passera sous peu.
Nous faisons l'exercice depuis le 2, jour que nous sommes arrivés mais je ne pense pas que nous avons à le faire encore longtemps. En tout cas, nous attendons que l'on nous dirige sur un coin quelconque. Ne vous faites pas de mauvais sang.
Bons baisers pour toute la famille.

8 décembre 1916 :
Chers parents, je suis encore au repos et en bonne santé. Je viens de recevoir la lettre de la maman, mais le cimetière en question n'a pas été bombardé et toutes les centaines de tombes qui s'y trouvent sont en parfait état et bien entretenues. Seulement je m'en trouve à plus de 60 km actuellement mais vous pouvez dire qu'il est intact à la mère Boyau. Toujours rien

de nouveau, je m'étonne même d'être encore au repos mais ne m'en plaint nullement.

Nous avons un sale temps de neige et pluie continuellement.

Je suis renipé à neuf comme Georges, et on est tout plus beau les uns que les autres. Je vais tout de même mieux mais ils m'avaient pinardé avec leur rhume pendant ces derniers jours.

Bons baisers pour toute la famille en attendant de vos bonnes nouvelles.

11 décembre 1916 :

Chers parents, je viens de recevoir la lettre du papa et vous en remercie. Je vais toujours bien et suis toujours au repos pour le moment. Ne vous faites pas de mauvais sang. Hier, nous avons boulotté le ...*(illisible)* de la compagnie. Aussi il y avait extra : saucisson, fromage, pâté etc. etc.....

En tout cas on liquide mais ne vous en faites pas.

Bons baisers pour toute la famille, votre fils qui vous embrasse bien fort.

13 décembre 1916 :

Chers parents, me voici à la veille de bondir ; Jules a fait un côté, moi l'autre, je ne me fais pas de mauvais sang. Ne vous inquiétez pas pour moi, j'ai bon espoir et je reviendrai, soyez sûrs. Ce matin, j'ai fait 8 km pour trouver 3 camemberts et on était heureux de les avoir, car nous n'avions touché que de la viande crue pour la journée. Dans huit jours, nous aurons 2 à 3 mois de repos, aussi c'est une affaire, un coup de collier et nous sommes libres, aussi on va en jeter un coup, mais ne vous inquiétez pas pour moi, surtout si vous êtes une huitaine sans nouvelles.

Embrassez bien toute la famille pour moi et en attendant de vos bonnes nouvelles, je vous embrasse tous bien fort.

19 décembre 1916 :
Chers parents, j'ai enfin reçu de vos nouvelles 12 et 15 en même temps qu'une lettre de Lurcy du 7 et un paquet de Lurcy. C'est tout arrivé en même temps. J'ai cassé mon verre de montre, aussi vous m'en enverrez un par la poste le plus tôt possible.

J'ai trouvé le filon pour le moment une dizaine de jours environ. Je construis des espèces de sommiers métalliques avec du grillage et m'occupe spécialement de clouer et de faire tendre le grillage sur les caisses. Nous sommes 4 quincaillers qui travaillons ensemble au même boulot. Nous sortons nos 20 sommiers par jour, seulement la plupart du temps il nous manque quelque chose ; c'est ainsi qu'hier nous nous sommes arrêtés faute de crampillons. Ce sont des sommiers de fortune, tout ce qu'il faut pour des soldats, mais qui ne seraient pas trop recommandables à de jeunes mariés car ils risqueraient de se réveiller sur le parquet. Nous travaillons au vaste atelier du courant d'air mais c'est tout aussi intéressant que l'exercice et puis nous sommes nos maitres toute la journée. En tout cas me voilà tranquille jusqu'au jour de l'an.

Pour la pèlerine, je n'en ai pas besoin pour le moment. Vous me l'enverrez lorsque nous serons dans les tranchées. Charolais va toujours bien et doit écrire en même temps que moi. C'est tout ce que je vois à vous dire pour le moment. N'oubliez pas mon verre de montre. Pour les colis mêmes adresse que les lettres.

Bons baisers pour tous

19 décembre 1916 :
Chers parents, je suis en bonne santé pour le moment. Voilà déjà 5 jours que je tire dans ce coin, je vous assure qu'il n'y fait pas très bon, enfin, je pense m'en tirer malgré tout. Ne

99

vous faites pas trop de mauvais sang car je vous écris mais ne sais pas quand je pourrais vous faire parvenir ma lettre ; enfin, ne vous en faites pas, encore 3 ou 4 jours et tout ira bien. J'ai trouvé un petit abri boche, mais les lignes n'ont pas la pause sous la mitraille ces temps-ci.

Il a gelé cette nuit aussi vous pouvez croire si j'étais heureux de pouvoir sauter de trous d'obus en trous de marmites sans m'enliser jusqu'aux genoux.

Ne vous en faites pas, bons baisers pour toute la famille.

24 décembre 1916 :
Chers parents, je suis en bonne santé et en réserve à 3 km des lignes. Je ne sais pas si nous remonterons, mais tenir dans cette boue et sous cette mitraille, c'est dur. Enfin il faut avoir bon espoir. J'ai trouvé tout un paquet de lettres en redescendant, aussi pensez si j'étais heureux, je n'avais rien reçu depuis le 12.

J'ai vu que vous m'avez expédié deux paquets : un le 10 et un le 17 mai je ne les ai encore pas reçus, mais gardez les fiches je pense bien pouvoir les avoirs sous peu. Enfin si nous avions seulement quitté ce coin tout irait bien ensuite.

Vous voyez un fil de 500 m passant de trous d'obus en trous d'obus, pleins d'eau, naturellement et chaque fois qu'il faut escalader le côté d'un trou d'obus, c'est naturel, la mitrailleuse qui crache. Enfin le bout est peut-être plus près que nous le pensons. Ne vous inquiétez pas.

Mille bons baisers pour toute la famille.

26 décembre 1916 :
Chers parents, je vous ai écrit hier mais daté ma lettre du 24, ne sachant même pas que c'était Noël. J'ai reçu vos colis du 10 et du 18 je vous remercie de me gâter comme cela. Je vais toujours bien. Hier j'ai reçu la lettre de la maman du 22. Ne vous inquiétez pas pour moi, je ne sais si nous remonterons.

Nous sommes toujours en réserve mais toujours le mauvais temps. Enfin bon espoir et tout va bien vous pouvez croire si j'étais heureux de trouver vos 2 colis. On peut dire qu'à pareille époque ils valent de l'or.

Embrassez bien toute la famille pour moi.

Mille bons baisers pour tous en attendant de vos bonnes nouvelles.

PS : il est probable que nous remontons mais ne vous inquiétez pas si vous êtes encore quelques temps sans nouvelles.

31 décembre 1916 :

Je suis toujours en bonne santé. Excusez-moi si je ne vous ai pas écrit plus tôt, je pensais aller au repos en descendant avec mon bataillon, mais comme il y a pas mal de manquants à l'équipe je suis resté au poste d'observation, et me trouve actuellement aux anciennes lignes de départ, aussi cela va déjà bien mieux. D'ici, je ne risque déjà plus l'enlisement ce qui est déjà quelque chose. Je continue ma lettre interrompue par Fritz qui m'a obligé à mettre mon masque à gaz. Il est en train de nous balancer des 150 lacrymogènes, depuis ce matin il me fait pleurer.

Enfin il faut espérer que dans 4 à 5 jours nous serons sortis de ce coin. Je me rappellerai de mon Noël et du jour de l'an 1916. Quand pourra-t-on passer les fêtes en famille, c'est pour le coup que l'on boit la caisse de champagne ! En tout cas on pourra toujours en boire 2 bouteilles à la prochaine permission, mais quand ?

Brusson est évacué pour maladie, Charpy doit être sain et sauf. Quant à Herny, Bury, Buchillet, leur bataillon est encore en ligne et je ne sais pas encore s'ils y sont toujours.

Je suis un peu mal foutu mais je commence à être un peu sec, c'est déjà pas rien. En tout cas je suis assez bien dans ma sape

101

pour le moment et 8 heures de garde pour les signaux, et 2 lignes d'arrière à entretenir, c'est moins dur qu'une seule ligne en ligne avec la toile de tente comme abri. Mes pauvres pieds ne voulaient plus rien savoir mais ça va mieux maintenant.

Pas besoin de vous dire avec quel plaisir j'ai reçu vos deux colis et dans ce coin je les ai eus le 26 aussi j'attends les suivants avec impatience.

Je crois qu'il est temps de vous souhaiter la bonne année j'espère bien que 1917 nous verra tous ensemble avant la fin de l'année car la comédie commence par avoir assez duré pour le moment.

J'ai reçu ce matin une lettre du papa du 27 elle n'a pas mis longtemps comme vous le voyez.

Je vous quitte en vous souhaitant à tous une bonne année et surtout une bonne santé.

Mille bons baisers pour toute la famille

1917

Le 167ème régiment d'infanterie est engagé dans la Somme de Décembre 1916 à Janvier 1917 : Bellozon Santerre ; puis en Champagne de février à Décembre 1917 : Saint Hilaire le Grand, butte du Mesnil, position de la truie, maison de Champagne
Ces localisations sont étranges car les lettres suivantes paraissent écrites pour certaines, dans le secteur de Verdun...

1^{Er} janvier 1917 :
Chers parents, nous voici à la nouvelle année, il est 3 heures du matin, ma première pensée est pour vous. Je suis de garde à mon poste d'observation. L'artillerie crache comme à l'ordinaire et les boches ne semblent nullement avoir envie de respecter le jour du nouvel an.
Nous pensions être relevés sous peu, malheureusement les boches ont fait du chambard vers…(*illisible*) et nous sommes obligés d'attendre encore quelques jours. J'ai été au ravitaillement hier soir et me suis renseigné pour les camarades. Bury, Buchillet sont évacuées, pieds gelés. Erny est toujours en ligne et va bien. Je crois que maintenant je reste à peu près le seul de la région mais je ne m'en fais pas pour cela. Vivement que l'on n'aperçoive plus les pierres de Houdemont (*commune de Meurthe et Moselle*) et tout ira bien ensuite.

103

Bons baisers pour toute la famille.

3 janvier 1917 :
Chères maman et soeur, aujourd'hui je me dépêche pour ne pas vous oublier. Je vais toujours très bien pour le moment et suis toujours dans mon petit patelin aussi tranquille. J'ai les dents qui m'agacent tous ces jours mais je pense que ce ne sera pas grand-chose. Soignez-vous toujours bien c'est l'essentiel. J'ai reçu une lettre de Blanchard qui me dit partir à Salonique. Je pense avoir de vos nouvelles aujourd'hui mais j'en ai eu du 27 avant-hier.
Je termine en vous embrassant toutes deux bien fort

4 janvier 1917 :
Chères maman et sœur, je suis toujours en excellente santé dans mon petit patelin. Toujours pas de nouveau mais il fait un froid de chien. Nous nous enfermons dans le gourbi, aussi notre…(*illisible*) n'a pas la pause mais on pleure son comptant. Nous avons toujours la même couche de neige et il ne dégèle toujours pas puisqu'on prend des -20 à -25° toutes les nuits. Heureusement que nous sommes dans ce coin tranquille mais les malheureux qui vont à V (*Verdun*), sont à plaindre.
Enfin ne vous inquiétez pas et recevez mes meilleurs baisers.

9 janvier 1917 :
Chers parents, je suis toujours en bonne santé. J'ai reçu la lettre de la maman du 5 janvier, je m'étonne que vous soyez toujours sans nouvelles. Vous avez dû voir Erny et il a dû vous dire que nous étions loin de la Lorraine, mais il existe toujours des gens qui sont mieux renseignés que les autres. J'ai écrit à Dijon pour souhaiter la bonne année. La mémé et Simone m'ont bien laissé tomber. Ils auraient tout de même pu se dessaler d'un colis en tout cas c'est pas chic. On est le 9 et je n'ai toujours rien reçu.

104

Nous n'avons toujours rien touché comme effets. Je me promène avec mon soulier sans bout, et ma jambe de culotte et l'autre mon caleçon. On va probablement remettre ça du même côté dans une dizaine de jours aussi ça ne me dit rien, vous pouvez le croire. J'en suis revenu le seul avec Erny ce coup-ci, enfin le prochain coup je serais peut-être évacué pour quelque temps.

Je souffre toujours de mon pied gauche mais c'est forcé avec le poêle que j'ai.

Plus rien de nouveau à part la neige ; bons baisers pour toute la famille

Votre fils qui vous embrasse bien fort.

9 janvier 1917

Chères maman et sœur, je suis toujours en bonne santé dans mon petit patelin pour le moment. Aussi comme on ne parle pas de m'envoyer en ligne, je ne le demande pas non plus. Nous avons eu du travail ces 2 derniers jours, mais maintenant tout marche bien, il ne nous reste plus qu'à pomper l'eau que nous avons dans la cagna 2 fois par jour et on ne craint plus l'inondation. Mais avant-hier je ne me voyais pas fixé car, après avoir sorti 50 seaux d'eau, j'en avais toujours autant dans l'abri mais maintenant cela va avec la pompe. Soignez-vous toujours bien. Meilleurs baisers.

PS : il y a longtemps que le colis d'Erny est mangé et que j'ai dû vous le dire.

12 janvier 1917 :

Chère maman, merci de vos bonnes nouvelles. Je suis toujours en bonne santé dans mon patelin avec les civils. On ne me parle pas de m'envoyer en ligne aussi je ne réclame pas. Je

105

pense que Simone est vers vous actuellement. Elle me dit qu'elle pense bientôt avoir terminé.

Soignez-vous toujours bien et ne vous inquiétez pas.

Bons baisers pour tous.

13 janvier 1917 :

Chers parents, je suis toujours en bonne santé et au repos jusqu'à demain probablement ne soyez donc pas inquiets si vous êtes quelques temps sans nouvelles. Je pense que nous serons assez tranquilles. Ne soyez pas inquiets.

Bons baisers pour toute la famille.

14 janvier 1917 :

Chère maman, je reçois 2 de vos lettres à l'instant. Je suis toujours aussi tranquille et j'ai un bon poêle, aussi ne vous inquiétez pas pour moi. Pas grand nouveau à vous dire. Soignez-vous toujours pour le mieux et recevez mes meilleurs baisers

15 janvier 1917 :

Chers parents, je suis toujours en excellente santé pour le moment et ne me fait toujours pas de bile. Ne vous inquiétez pas pour moi, je suis en excellente santé et crois que pour une fois nous avons trouvé un coin qui sera tranquille et vaudra mieux que mulot *(ravin du bois mulot)*. Aussi ne vous en faites pas. Demain, je peux être en ligne mais c'est très tranquille aussi je pense bien que l'on nous laissera ici quelque temps pour nous reformer et nous reposer un peu car ce n'est pas les 8 jours que nous avons eu qui nous ont bien remis. Pour ma part, j'ai été malade 3 sur 8 et n'ai même pas pu manger. Mais je commence à avoir la fringale aussi c'est bon signe et je vais me bourrer pour me remplumer un peu car vous ne voudriez pas me reconnaître actuellement, et il faut que j'ai bonne mine pour aller en permission dans 1 ou 2 mois.

Nous avons reçu 150 poilus de la classe 17 et avons pu reconstituer notre équipe. Aussi nous voici au complet : 9 poilus, 2 cabots, il ne nous manque qu'un sergent. Nous avons 2 de la classe 17 et sur les 11 nous sommes 3 qui ont fait 20 jours de ligne, 2 qui ont fait 10 jours et 4 qui sont venus en renfort ces jours-ci, dont 2 de la classe 17.

J'ai reçu ce matin un colis contenant fromage, pile, saucisson et chocolat et je vous en remercie. Il ne m'était pas annoncé. J'ai reçu la lettre de la maman du 10 et le colis était parti du 11. Vous savez où je suis.

Je vous quitte pour goûter votre gruyère.

Mille bons baisers pour toute la famille.

15 janvier 1917 :

Chers parents, je suis toujours en bonne santé pour le moment et à nouveau en ligne. J'ai pris la direction opposée à celle que l'on prend pour aller en permission.

Je suis le premier de la compagnie à partir mais je suis bien roulé quand même; si je vous avais dit que je devais partir le 15 vous auriez cru que tout était foutu, enfin au premier départ j'en suis seulement quand se fera-t-il ??

Ne vous faites pas de mauvais sang je suis tout aussi impatient que vous. J'ai écrit à Jules pour lui dire qu'il tâche de faire hâter sa permission pour que l'on se trouve ensemble, c'est une bombe à tout casser. Il fait moins froid ces jours-ci, la neige a même fondu un peu ces derniers soirs, il vaut mieux que le temps revient tout doucement car autrement nous nagerions.

Bons baisers pour toute la famille

16 janvier 1917 :

Chères maman et sœur, je suis toujours en bonne santé et vous remercie de vos bonnes nouvelles. Je crois que vous êtes plus à

107

plaindre que moi puisque vous êtes rationnées, car il ne me manque absolument rien : poêle, fumée, eau, piscine, promenade... mais je ne m'en fais pas du tout pour cela, bien au contraire. Je ne demande qu'à finir la guerre dans le coin où je suis.

Nous avons une coopérative où rien ne manque. Aussi soignez-vous et ne vous inquiétez pas. J'ai encore plus d'argent qu'il ne m'en faut pour attendre la permission au 28 janvier. Mais je partirai probablement le 15 février pas avant à cause du service assuré.

Bons baisers pour tous

17 janvier 1917 :

Chers parents, je suis toujours en bonne santé pour le moment. Je suis installé dans un poste avec un commandant de compagnie. Nous sommes 2 et je crois que c'est un petit coin assez tranquille aussi je ne m'en fais pas un poil. Les boches sont à 800 m et nous sommes séparés par des marais aussi c'est pourquoi nous n'avons toujours rien à craindre des mines et tout le tremblement du bois d'Ailly. Aussi nous serons tranquilles tant que nous serons dans ce coin. Voyez exactement où, du reste, nous apercevons le Fort de Vaux et on se demande réellement comment à si courte distance on puisse avoir une telle tranquillité si près de l'ouragan. Enfin vous voyez que je ne suis pas trop mal et que je peux tenir le coup en attendant d'aller vous voir, malheureusement c'est encore loin mais ça viendra quand même.

Je vais voir dans quelques jours comment ira le poste et si je m'y plais, je vais demander y rester continuellement car faire la relève avec tout le chargement sur le dos, c'est dur dans 50 cm de neige comme nous en avons actuellement. Les cuisines sont à 400 m des lignes et on nous apporte notre soupe à tous les repas ; nous n'avons que 400 m à faire pour avoir de l'eau. La nuit nous pouvons faire du feu et avons bien assez chaud dans l'abri toute la journée. J'ai trouvé une paire de galoche avec des gros chaussons fourrés à montant, aussi je suis tranquille. Nos prédécesseurs avaient une coopérative à 400 m d'ici, aussi si nous en installons une, je crois que ce sera le coin rêvé.

En attendant voyez que je ne m'en fais pas. J'ai reçu la maman avec 5 francs, j'ai également reçu la deuxième lettre qui m'annonce 5 francs mais ils n'étaient pas dedans; je ne serais pas étonné que vous ayez oublié de les mettre dans l'enveloppe.

Je termine en vous embrassant tous bien fort en attendant de vos bonnes nouvelles. Votre fils

19 janvier 1917 :

Chère maman, j'envoie à l'instant un mot à Jules signé du colonel pour qu'il puisse obtenir quelque chose; aussi dites à MIOT (*notaire à Tournus*) d'attendre pour faire des écritures jusqu'à ce que Jules nous ait répondu. Je vais toujours bien, mon travail consiste à dormir et aller chercher à manger. Quelle vie enfin !

Bons baisers pour toute la famille

20 janvier 1917 :

Chère maman je suis toujours en excellente santé pour le moment. Toujours aussi tranquille pour le moment. Je ne sais toujours pas quand j'irai en permission. Il y a un départ le 28 mai je ne sais pas si j'en suis. J'arriverai probablement le jour mais vous ne vous inquiétez pas pour moi. Je ne me fais pas de mauvais sang et ne demande qu'à terminer la guerre même sans permission dans le coin où je suis.

Soignez-vous toujours bien et recevez mes meilleurs baisers.

22 janvier 1917 :

Chère maman, je suis toujours en excellente santé et vous remercie de vos bonnes nouvelles. Pas grand nouveau pour

moi. Je vais toujours bien et suis toujours aussi tranquille, mais je ne sais pas quand j'irai en permission, on n'en parle toujours pas, aussi, je commence à trouver le temps long. J'ai vu Bury et Erny, ils étaient avec moi cette semaine dernière.
Soignez-vous toujours bien et recevez mes meilleurs baisers

27 janvier 1917 : carte
Chers parents, merci de vos bonnes nouvelles ; je suis en excellente santé. Rien de nouveau pour le moment et ne vous inquiétez pas, je vous écrirai plus longuement demain. Bons baisers pour toute la famille.

28 janvier 1917 :
Chers parents, je suis toujours en bonne santé. Je viens de passer 48 heures au petit poste et comme un fait exprès, vous pouvez croire que j'ai souffert des dents. Enfin je vais mieux pour le moment. Toujours rien de nouveau à vous dire pour l'instant. Toujours en ligne dans le même coin et par ces jours de gel le boulot de manque pas. Nous n'avons pas la pause et je vous prie de croire qu'il fait froid. Je ne vous avais pas écrit ces jours derniers car j'avais tellement de boulot. Ensuite je n'avais plus le moyen de faire partir mes lettres mais vous avez dû voir la carte que je vous ai passée hier en rentrant au poste. Je me dépêche car les copains viennent de me prévenir que j'ai une lettre au patelin voisin. Aussi je vais aller la chercher.
Bons baisers pour toute la famille

29 janvier 1917 :
Chère maman, je reçois votre lettre me disant que Simone est rentrée, Je crois juste à temps pour reprendre son fils ; je crois que vous n'avez pas de chance avec les bonnes, si au moins vous pouviez vous en passer, mais ce n'est pas possible avec le

travail que vous avez à faire. Je vais toujours bien pour le moment. J'ai une fluxion à la joue droite qui me gêne un peu mais je pense qu'elle se passera avant que je parte en permission. Je compte toujours partir autour du 15 février a moins d'ordre contraire.

Soignez-vous toujours bien et recevez mes meilleurs baisers

30 janvier 1917 :

Chers parents, je suis toujours en excellente santé à part les dents qui me font souffrir tous ces jours-ci. Rien de nouveau vers nous. La compagnie qui était avec moi a été relevée et, naturellement j'y suis toujours, c'est du reste l'habitude, enfin si je ne souffrais pas tant des dents tout irait bien. Je serais bien plus tranquille avec la compagnie qui est en ligne actuellement. Il y a un changement : nous sommes 2 pour nous taper chacun nos 12 heures de garde et cavaler sur les lignes, aussi le boulot ne manque pas ; je me demande comment je n'ai pas été coupé hier, il y a longtemps que cela ne m'était pas arrivé. Enfin tant mieux. Mais le 27 les fritz nous avaient tapé sur le patelin aussi ma ligne étaient un vermicelle et j'ai été obligé de la changer sur 200 m. Toujours la neige pour changer et le même temps glacé.

Bons baisers pour toute la famille

31 janvier 1917 :

Chers parents, je suis en bonne santé, mes dents vont un peu mieux. Il part une flopée de permissionnaires, aussi c'est une affaire pour moi, je partirai peut-être quand ils rentreront ou dans un mois. Maintenant, je ne suis plus que seul dans mon poste, aussi, les journées sont longues. En tout cas je les ai prévenus, je reste continuellement à l'appareil le jour et la nuit. J'installe mon zinzin sur le......(*illisible*) et j'en écrase répondant si le zinzin me réveille. Aussi je ne m'en fais pas trop ; enfin, j'aurais peut-être le plaisir de vous voir plus tôt que je ne pensais. J'aurai toujours pas volé ma permission ce coup-ci. Ce serait chic si je pouvais me trouver avec Jules en permission. Il m'a écrit hier et me dit ne pas y aller avant le mois de mars alors que la mémé me disait qu'ils l'attendaient tous les jours la semaine dernière.

Toujours le même temps de neige pour changer. Il commence en avoir une couche respectable, je voudrais être loin pour le dégel, j'aurais peut-être la chance d'être à Tournus.

Enfin bons baisers pour toute la famille en attendant de vos bonnes nouvelles

3 février 1917 :
Chers parents, je suis toujours en bonne santé et ne m'en fait pas du tout pour le moment. Comme j'étais en première ligne depuis le 16 janvier et que j'ai toujours fait mon petit boulot, le sergent m'a réclamé et m'a fait relever pour que je sois avec lui au commandant de bataillon. Aussi je suis tout de même mieux qu'à la ligne, et puis, nous sommes assez libres dans le patelin. Nous sommes installés dans une cave voûtée, on a un poêle et on fait du feu jour et nuit. On mange chaud, on n'est pas mal couché, on fait du supplément quand on ne touche pas assez à l'ordinaire, cela vaut mieux que mon petit poste 110. Aussi les Fritz n'ont qu'à continuer à être aussi gentils qu'ils l'ont été depuis le 27 et je pourrais attendre la permission tranquillement. Je vais descendre chercher les lettres demain et pourrai voir les copains par la même occasion. Il gèle toujours aussi fort et nous avons eu encore pas mal de neige ces jours derniers.

Plus grand chose à vous dire en attendant de vos bonnes nouvelles.

Bons baisers pour toute la famille, votre fils qui vous embrasse bien fort

5 février 1917 :

112

Chers parents, deux mots à la hâte pour vous donner de mes nouvelles qui sont toujours bonnes pour le moment. Je vais toujours très bien. Je suis toujours aussi tranquille dans la cave de mon château et l'on ne s'en fait pas trop. J'ai reçu des nouvelles de François et Jules. Toujours le même froid pour changer et la neige qui s'accumule. J'ai cassé du bois toute la soirée, aussi on pourra se chauffer tant que nous serons ici.
Bons baisers pour toute la famille.

8 février 1917 :
Chers parents, je vais toujours bien pour le moment. Je suis toujours aussi tranquille et nous nous soignons toujours bien. J'ai reçu de vos nouvelles ainsi que de Simone hier. La température ne change pas mais on fait un feu de corps de garde, aussi nous ne souffrons pas du froid du tout pour le moment. Toujours autant de neige. Je crois que Buchy et Buisson sont arrivés en renfort hier mais ne les ai pas encore aperçus.
Les Fritz sont toujours assez calmes, nous en avons poissé 4 dans leur petit poste. C'est ce qui fait qu'ils ont tapé plus que de coutume toute la journée. Je termine en vous embrassant bien fort.
Bons baisers pour toute la famille en attendant le plaisir de vous embrasser bientôt.

10 février 1917 :
Chers parents, je suis en bonne santé et ai reçu la lettre du papa ainsi que sa chaufferette. Seulement pour le moment j'ai un bon petit poêle rond et je le préfère à votre chaufferette. C'est dommage que je ne l'ai pas eu à Verdun, là elle m'aurait peut-être été utile. Je ne sais pas lorsque j'irai en permission mais je pense y aller sous peu. Nous avons repoissé un Fritz et buté un

113

autre avant-hier, et la nuit dernière ils nous ont pris un officier pendant une patrouille mais il était ou mort ou gravement blessé. Mais il s'en est fallu de peu qu'ils nous poissent toute la patrouille, enfin on ne fait pas d'omelettes sans casser des œufs. Je ne m'en fais toujours pas de trop ; il n'y a pas grand nouveau à part cela. Je crois savoir que Buchy et Buisson sont rentrés mais n'en suis pas sûr.

Je me dépêche car j'ai déchiré ma culotte bleue hier soir à 23 heures en m'agitant sur la ligne dans les fils de fer et j'ai encore une lessive à faire. Bons baisers pour tous.

12 février 1917 :

Je viens de recevoir la lettre de la maman du 6 écoulé. Je suis content de vous savoir tous en bonne santé. Je ne m'en fais pas un poil de plus que d'habitude et j'attends le jour de partir en perm avec impatience. Je pense bien que ce sera sous peu et que la maman en aura pour moins d'un mois à engraisser ses poulets, mais « tant plus ils sont gras, tant plus ils sont bons ». Alors vous voyez qu'il y a du bon. J'ai écrit à Jules pour qu'on lui dise qu'il se débrouille pour partir en même temps que moi. Vous parlez d'une bombe si on est tous les 2 en perm. La caisse de champagne du père DEMORTIERE, elle va valser dur pour le coup.

Enfin, il est 6 heures, je me dépêche pour faire le chocolat aux copains ; vous voyez que l'on ne s'en fait pas beaucoup, il n'y a que comme cela qu'on les aura, autrement il n'y faut pas compter.

Embrassez bien toute la maisonnée pour moi en attendant que j'ai moi-même le plaisir de le faire bientôt.

Votre fils qui vous embrasse bien fort

14 février 1917 :

Chers parents, je suis en excellente santé pour le moment, rien de nouveau à vous dire à part qu'ils me laissent tomber comme des croûtes pour les permissions. Je suis le premier de la compagnie à partir maintenant, voyez ma veine, ce qui n'empêche que s'il n'y a pas de départ avant le 1er, je suis victime encore une fois, mais une fois parti, je ne reviens plus, ils n'y gagneront pas. Mais ils me possèdent en attendant.

Enfin, j'ai reçu la lettre du papa où il me dit que Madame Miard Jeanne rouspète que je ne le lui ai pas répondu mais il y a 3 semaines que j'ai reçu sa lettre et 15 jours que je lui ai répondu. Enfin, pour finir de me posséder, je monte en ligne aujourd'hui et quand je serai au petit poste je lui écrirai une deuxième réponse. Je me dépêche car j'ai ma lampe en feu, c'est pire qu'une machine à vapeur. Ne vous en faites pas, à bientôt (sauf poissage par Dudul)

Votre fils qui vous embrasse tous bien fort

NDLR : *aucune lettre jusqu'au 3 mars 1917. Cela signifie qu'il a pu obtenir enfin une permission et qu'il ne s'est pas fait « poissé » !*

3 mars 1917 :

Chers parents, je suis arrivé tout de même depuis hier soir. Hier, en arrivant, ils m'ont poissé en même temps que mon copain, j'ai passé 1/4 d'heure où je pensais naturellement rester la nuit et je suis monté immédiatement en ligne. J'ai encore la chance de tomber sur un assez bon poste. Je suis dans un poste optique où nous sommes 3, ce qui nous fait nos 8 heures de garde, mais on peut regarder par les créneaux et on fait un feu d'enfer dans la baraque. Je suis juché dans une carrière où nous avons près de 50 marches pour arriver au poste. Je pense que Jules sera vers vous lorsque vous recevrez ma lettre, qu'il tâche de bien passer sa permission. Le poulet a été le bienvenu car on a justement rien touché hier et probablement rien aujourd'hui car je suis sur la route de Metz près de…(*illisible*) vous

115

comprendrez tout de suite maintenant. Les jours se suivent mais ne se ressemblent pas. J'ai bien mangé le poulet mais il s'accommode mal avec de l'eau, enfin c'est la guerre d'usure, on n'y peut plus rien maintenant. Vous donnerez de mes nouvelles à la mémé ainsi que Simone.

Bons baisers pour tous

5 mars 1917 :
Chers parents, je suis un peu plus gracieux que vendredi soir. Ils m'ont tout de même par trop possédé et ce n'est pas encore fini, je ne suis plus au même poste qu'en arrivant, ils m'ont fait déménager le lendemain soir pour aller, toujours dans un poste optique, mais un peu plus loin. Je ne sais si j'y serai longtemps mais je ne crois pas car tous les signaleurs sont en permission. Nous sommes 3 perchés sur le sommet d'une crête au milieu d'un bois et à 500 m des Fritz et 400 m de nos plus près voisins. Aussi c'est un peu isolé, mais malgré cela on tient le coup, il n'y a que la soupe que l'on est obligé d'aller chercher à 1 km, dans une chapelle que le bon Dieu n'a pas su préserver car la pauvre malheureuse a dégusté sa part. Dites à Jules qu'il passe une bonne permission. Le cafard est noyé ce coup-là et si on a bu de la flotte avec le poulet, on se rattrape sur le gros rouge avec le bœuf gros sel.

Bons baisers pour tous, votre fils

7 mars 1917 :
Chers parents, à la hâte 2 mots pour vous donner de mes nouvelles qui sont excellentes. Rien de nouveau, j'ai pas le temps beaucoup aujourd'hui. J'ai bossé toute la journée pour installer deux lignes et avec l'optique, j'ai le téléphone aussi on va avoir du boulot pour faire l'installation ces jours. Enfin je vais assez bien, il gèle toujours et il a neigé hier, et ce matin, nous en avons encore plus de 20 cm aussi pour grimper sur ma côte, c'est pas le filon. Enfin je ne m'en fais pas trop malgré

116

cela. Je pense que Jules est en permission maintenant, voilà déjà huit jours que je vous ai quittés, le temps passe assez vite. Bons baisers pour toute la famille votre fils qui vous embrasse bien fort

8 mars 1917 :

Chers parents, je suis toujours en bonne santé et il neige toujours pour changer. Je ne m'en fais toujours pas. Je jette un œil distrait au créneau de temps en temps pour voir s'il n'y a rien d'anormal. Je suis perché sur une estrade, assis confortablement dans un fauteuil avec une planche comme table, les pieds sur le poêle qui est en dessous de l'estrade, le créneau juste à hauteur d'oeil, le téléphone à ma main droite et le petit phare de 14 cm à ma gauche et, comme cela on tiendra jusqu'au bout. Le plus embêtant c'est pour aller chercher la bouillante dans la chapelle à 1 km et c'est pas le filon pour y aller de ce temps. Aussi on a déjà supprimé la corvée de jus, seulement on est obligé d'y aller pour la soupe.

Bonjour à toute la famille, votre fils qui vous embrasse bien fort.

PS : j'ai vu Bury Buchillet mais n'ai pu voir Erny ; je suis toujours au grand Bernatout (*????*) à 400 m de Houdomont

10 mars 1917 :

Chers parents, je suis toujours en bonne santé pour le moment, toujours dans mon central au milieu des bois. Nous sommes 2 de la classe 16 aussi on ne s'en fait pas un poil. On chante, on se frotte, on démonte le matériel et toujours bons amis pour le remonter. J'ai découvert une mine de bois ce qui fait que nous ne sommes plus en peine pour nous chauffer car c'était la misère d'aller abattre un arbre tous les jours sous la neige et on ne pouvait jamais le faire prendre, c'était une fumée enragée, aussi à 100 m de la guitoune, j'ai découvert une véritable mine,

117

j'en ai largement pour l'hiver prochain. Aussi vous pensez si c'est une affaire et il est sec, on n'a que la peine de fendre les rondins et de les scier. On a une chic petite cuisinière comme poêle et ...(*illisible*), seulement la pauvre malheureuse, elle en voit de cruelles, en six jours on lui a déjà cassé 2 pieds et démoli la porte de devant, mais toujours ingénieux ,on en a fait une autre avec 2 couvercles de boîtes à sardines c'est tout ce qu'il y a de riche, et 2 rondins remplacent les pieds cassés. Nous ne sommes que 2 et nous touchons à manger pour 3 aussi on est bien avec les cuistots et tous les jours on touche 2 l de pinard (gros rouge), 2 l de jus, un quart de litre de gnole, aussi vous parler d'une bombe. Tous les matins ont fait le chocolat au lait, il faudra vous décider à venir me voir ; vous n'aurez qu'à prendre la route de Metz. J'ai des copains qui ont leur villa de campagne sur le bord de la route aussi ils vous verront sûrement passer, me filent un coup de téléphone et 20 minutes après je suis vers vous avec les.....(*illisible*) nécessaire pour traverser les 100 m de flotte. On gardera un peu de rabiot comme cuistance, et, au besoin, je pourrais me dessaler d'une boîte de tripes. J'ai trois lits de rabiot vous voyez qu'il n'y a pas de la place pour tout le monde aussi c'est entendu. Enfin vous voyez que je tiens le coup et ne m'en fais pas trop
Bons baisers pour toute la famille.

14 mars 1917 :
Chers parents, je suis toujours en bonne santé, rien de nouveaux à vous dire. À peine avons-nous une notion du temps, nous n'en sommes pas sûrs. Toujours seuls sur la lisière du bois. Quelle vie ! Un poète serait à son article et aurait le temps de méditer. Enfin, heureusement, dans 3 ans, la guerre sera peut-être finie. Je n'ai toujours rien reçu de Tournus.
Bons baisers pour tous.

118

PS : il peut arriver que vous ne receviez pas de mes nouvelles régulièrement mais nous sommes à 1 km des cuisines où nous les déposons, c'est ce qui fait et comme nous n'y allons que 2 fois par jour, il nous arrive de les porter et de les rapporter dans notre poche.
Bons baisers pour toute la famille.

16 mars 1917 :
Chers parents, je suis toujours en bonne santé, sur la lisière de mon bois, isolé pour ainsi dire du monde avec lequel il ne nous est permis de correspondre qu'une fois par jour en allant à la soupe. Nous touchons toujours pour 3 et nous ne sommes que 2, et comme c'est le régime des haricots nous ne sommes pas trop mal nourris. Je pense que Jules est reparti, je pense qu'il retrouvera son bataillon au repos, du moins je lui souhaite de ne pas être possédé comme moi. Si c'était à refaire j'aurais passé la première nuit vers les copains à St......(*illisible*) et j'aurais eu des chances pour retourner où j'étais avant, tandis que là, c'est plutôt triste et isolé où je suis. J'ai compté 22 trains boches hier, je crois que les moyens de transport ne leur manquent encore pas. Il a neigé toute la nuit et ce matin. Maintenant la neige est fondue, aussi je peux compter sur le bain de pieds jusqu'aux genoux pour aller chercher la bouillante et traverser le ravin. Enfin on commence à y être habitué, vive Monsieur le maire et la fête continue.
Embrassez bien toute la famille pour moi et recevez mes meilleurs baisers.

17 mars 1917 :
Chers parents, je suis toujours en bonne santé et rien de neuf à part sur Verdun où on entend de fortes canonnades mais qui ne durent jamais plus de 1 ou 2 heures et le fameux coin des Eparges qui n'a pas perdu sa renommée.

119

Je commence à entendre chanter les oiseaux, seulement si les fritz recommencent avec les gaz, les pauvres malheureux ne chanteront plus longtemps. Je prends des lapins de garenne tous les jours, seulement ils sont noirs et avec une queue de 30 cm, aussi, je n'ai pas encore eu l'idée de les accommoder, mais le goût ne doit pas être bien fameux ; J'ai fabriqué des ratières avec des caisses de... ...(*illisible*) et je monte un levier en bois qui fait manœuvrer la porte sur laquelle j'attache une pierre pour remplacer le ressort. L'extrémité du levier est munie d'une pointe qui s'accroche au crochet où l'on met la viande et c'est épatant comme résultat.

18 mars 1917 :
Chers parents, je suis en excellente santé. Il s'est passé un peu de nouveau depuis. Je pensais partir en stage mais mon copain est parti et moi, je reste seul, comme toujours. Je ne vous en dis pas plus long, mon copain rentre à l'instant. Les stages sont supprimés et les deux types du 169 qui avaient remplacé mon copain repartent, c'est un petit coup dur en perspective, ne vous effrayez pas aucun perco et aucun tuyau sur la nouvelle direction que nous allons prendre à part que nous attaquons en face ce soir. C'est tout de même le filon qu'une division de Toul enfin.
Bons baisers pour toute la famille, votre fils qui vous embrasse tous bien fort.
Dès que nous aurons quitté le coin après le coup dur, je vous donnerai des tuyaux. Regardez les enveloppes.

19 mars 1917 :

120

Chers parents, je suis toujours en bonne santé, soyez sans inquiétude. Tous s'est borné à une forte reconnaissance. Rien de nouveau à vous dire, je vous préviendrai lorsque j'aurai changé mais en attendant ne vous faites pas de bile.
Bons baisers pour toute la famille

20 mars 1917 :
Chers parents, je suis en excellente santé. Il fait un temps affreux : du vent et de la neige qui ne tient pas. J'attends pour être relevé, je pense partir ce soir même. Ne vous faites pas de mauvais sang. Nous n'avons aucun renseignement sur la direction que nous allons prendre, mais nous aurons sûrement une dizaine de jours de repos comme d'habitude avant de remonter où ? ?
Bons baisers pour tous, je ne vous en dis pas plus long.

23 mars 1917 : carte :
Chers parents, à l'étape, bonjour de la Marne (Argone) tout va bien
Bons baisers

24 mars 1917 :
Chers parents, je suis en excellente santé. Nous sommes dans le patelin depuis hier. Nous avons tout de même quitté la Meuse et sommes dans la Marne pour le moment mais pas pour longtemps. Mais je pense que nous n'y serons pas longtemps et je m'attends à partir plus loin dans 2 ou 3 jours. Ne vous en faites pas. Nous avons fait les deux premières étapes avec la neige sur le dos mais la dernière s'est bien passée. Je ne m'en fais pas de trop et surtout ne me prive de rien, mais c'est la guerre d'usure.
Bons baisers pour tous

25 mars 1917 :
Chères maman et sœur, je suis toujours en bonne santé et vous remercie de vos bonnes nouvelles. Je pense être relevé des lignes ce soir. Je n'en serai pas fâché. Voilà 7 nuits que je passe blanches, ce n'est plus du tout intéressant, surtout quand les gaz se mettent de la fête. Enfin je crois que les boches ont commencé leur offensive mais ils ont dû tomber sur un beau bec de gaz puisque sur 80 km ils n'ont pu faire que 16 000 prisonniers. En tout cas ils avaient pris l'idée de sortir hier matin et ils ont été bien reçus. Nous avons eu 1 blessé et il y a quelque chose comme cadavres boches entre les lignes. Je crois qu'ils ne recommenceront pas de sitôt.
Soignez-vous bien et recevez mes meilleurs baisers.

26 mars 1917 : carte :
Chers parents, nous voici à nouveau repartis après 2 jours de repos. Nous continuons notre voyage pédestre et nous sommes arrivés ce soir trempés, percés par la neige. Enfin c'est les inconvénients du métier. Encore 2 étapes et nous aurons, je crois, quelques semaines de repos, du moins je l'espère. En tout cas je vais bien du côté du patelin où j'ai débuté 56.
Bons baisers pour toute la famille, votre fils qui vous embrasse bien fort

27 mars 1917 :
Chers parents, je suis en excellente santé pour le moment. Rien de nouveau à vous dire. Nous continuons notre route vers Chalon et sommes aujourd'hui dans un patelin qui a 7 km de longueur, vous parlez d'un pays, surtout que nous avons traversé 13 km de sapins sans rencontrer une seule maison. Je crois que c'est bien la Champagne pouilleuse. En tout cas, nous avons fait de 22 à 24 km mais je ne suis pas fatigué malgré la charge que nous avons sur le dos, mais j'ai un furoncle dans les

reins qui me gêne beaucoup mais pas trop en marchant, c'est ce qu'il y a de bon. Il ne fait pas trop mauvais aujourd'hui mais nous avons encore eu de la neige gelée hier sur la route pour partir et il ne faisait pas trop bon de mettre les pieds par terre. Ne vous faites pas de mauvais sang pour moi pour le moment. Nous devons faire la dernière étape demain et je crois que nous aurons quelques repos ensuite. Je termine en vous embrassant tous bien fort

Votre fils

29 mars 1917 :
Chers parents, je suis toujours en bonne santé pour le moment. Rien de nouveau à vous raconter mais il y a pas mal de pièces de 155 et 270 dans la région. Un de mes camarades a vu un train blindé qui descendait de la somme sans avoir pu tirer, les boches s'étant retirés avant.

Nous sommes au repos et je comptais rester encore demain pour repartir un peu plus loin après-demain. Je crois que nous allons toucher 20 sous par jour sous peu mais on a toujours que nos 5 sous en attendant.

Vous pouvez m'envoyer un saucisson et je vous réclamerai peut-être d'autres colis ensuite. Je m'en fais pas de trop mais il va sûrement se passer quelque chose par là.

Bons baisers pour toute la famille

3 avril 1917 :
Chers parents, je suis en excellente santé à 4 km des lignes avec mon bataillon. Adieu repos, bombes, etc. je suis avec Chalumeau et le seul du 2ème qui est revenu sain et sauf de Verdun avec moi, un bleu de la 17 et un nouveau cabot qui n'y connaît pas grand-chose ; aussi vous parlez d'un boulot que nous avons après s'être tapés 20 km.

Nous sommes dans un petit patelin qui n'a reçu qu'une centaine d'obus, par conséquent pas trop de mal. Nous sommes du reste logés dans une chambre du rez-de-chaussée, pas trop mal à condition que nous ne nous soyons pas bombardés. Je suis à peu près sans le sou, ça file quand on marche, j'estime avoir fait de 150 à 160 km depuis le 21 mars et on s'est tapé de bonnes étapes en sens inverse le 1er et 2 avril. Enfin nous sommes arrivés. Vous m'enverrez 20 Fr. et des colis car je crois que le pays ne compte guère de ressources. Ne vous faites pas trop de bile pour moi, je suis habitué aux longs repos, je souhaite que Jules ait plus de chance que moi. Les compagnies sont déjà au boulot et il n'y a que les 3 compagnies de mitrailleurs qui sont au repos dans un chic petit patelin pendant que les autres travaillent.

Bons baisers pour toute la famille

5 avril 1917 :
Chers parents, je suis toujours en bonne santé à mon poste. Le coin est assez calme pour le moment et du reste nous somme à 5 km des lignes. Nous travaillons à divers travaux offensifs, aussi nous nous occupons de notre poste et comme nous sommes 5, ce n'est pas trop pénible. Mais hier j'ai fait 10 km pour rapporter un camembert, ni vin, ni tabac, ni allumettes, ni journaux, ni conserves.
Je pense que vous m'avez envoyé l'argent et les premiers colis. Rien de nouveau à vous signaler. Les boches nous ont envoyé quelques 150 en riposte mais il n'y a rien à craindre tant qu'ils taperont à 50 m de notre poste.
Je termine en vous embrassant tous bien fort

6 avril 1917 :

Chères maman et sœur, je vais toujours très bien. Aujourd'hui je me suis fait nipper entièrement. Je suis tout à fait chic. Je ne sais encore pas combien de temps je serai ici. Pas grand nouveau.

Les boches redevenant calmes tous ces jours, je pense qu'ils continueront.

Soignez-vous tous très bien et recevez mes meilleurs baisers.

7 avril 1917 :
Chers parents, je suis en excellente santé pour le moment à part mes furoncles, mais je vais bien mieux. J'ai vu aujourd'hui Louis Calin qui va bien aussi et ne se fait pas trop de bile non plus. Il bosse dans un patelin à 2 km de moi. Nous nous trouvons placés à peu près sur la droite du 8ᵉ corps. L'artillerie lourde à tapé tout hier soir, les boches ont du reste riposté aussi au bombardement. Enfin tout est encore assez calme. Nos compagnies de mitrailleuses sont toujours au repos pour le moment ainsi que la CHR (*compagnie hors rang*) à 20 km de nous. Je pense recevoir bientôt des colis mais vous pourrez continuer d'en envoyer car nous allons être obligés de ne compter que sur nous-mêmes. Aucune coopérative ne fonctionne dans la région et étant très difficile de se procurer de la marchandise aux environs.

J'ai reçu une lettre de Jules qui me dit qu'il se rapproche de moi. Calin m'a dit que son beau-frère était à la division de Jules, probablement comme major ou aide major je ne lui ai pas demandé. Il m'a chargé de vous donner le bonjour de sa part.

Je termine en vous embrassant tous bien fort

9 avril 1917 :
Chers parents, je suis en excellente santé pour le moment, et au repos. Je ne sais pas trop ce que cela veut dire, enfin je ne m'en

fais pas. Nous serons peut-être 3 ou 4 jours à l'abri des gros noirs, c'est toujours cela.

Je suis sans le sou et n'ai reçu aucune nouvelle depuis 3 jours ni coli du reste. Dans le dur de recevoir du pognon, voilà 10 jours que je vous en ai demandé ainsi que les colis. J'attends encore.

J'espère tout de même recevoir ces jours. Pas grand nouveau à part des promenades que nous faisons par le train, 11 depuis quelque temps, à quand la fin et dans combien d'années ? ? Je crois que nous en avons pour quelque temps encore. J'attends du pognon et le colis par semaine. Bons baisers pour tous.

11 avril 1917 :

Chers parents, je suis toujours en bonne santé. Pas encore de changement depuis hier. J'ai reçu une lettre de la maman m'annonçant un colis mais je ne l'ai pas encore reçu est n'ai toujours plus de sous. Enfin pourvu que j'ai le colis avant de monter en ligne.

Le temps est toujours très mauvais. Il a pas mal neigé hier et il fait toujours aussi froid. Le canon tape pas mal fort pour le moment. Je ne vois plus grand-chose à vous raconter. Je pense que vous allez tous bien.

J'ai reçu une lettre de Jules il y a 2 jours, aussi je suis étonné que vous soyez sans nouvelles de lui.

Embrassez bien toute la maisonnée pour moi, votre fils qui vous embrasse bien fort.

13 avril 1917 : carte

Chers parents, je suis en excellente santé. J'ai reçu le colis et le mandat. Ne vous inquiétez pas pour moi. Pas de changement. Nous sommes toujours au repos pour le moment. Je vais très bien et je pense que ma carte vous trouvera de même.

Bons baisers pour toute la famille, votre fils qui vous embrasse bien fort

14 avril 1917 :
Chers parents, je suis toujours en bonne santé et au repos pour le moment. J'ai reçu le mandat de 20 Fr. ainsi que vos 2 colis. Je pense avoir la lettre contenant l'argent demain. Ne vous faites pas de mauvais sang pour moi, je pense monter en ligne incessamment. Aussi vous m'enverrez des colis mais tous les 10 jours, je pense que cela suffira. Jules ne doit pas être loin de moi, j'ai pas mal rôdé dans les environs mais n'ai trouvé nulle trace d'Alpins. Mais il va sûrement être de la fête comme nous. Enfin, je ne m'en fais pas, le temps a l'air de se mettre au beau, mais nous avons quelque chose comme matériel à traîner.
Bons baisers pour toute la famille votre fils qui vous embrasse bien fort

18 avril 1917 :
Chers parents, je suis toujours en bonne santé mais quelle vie nous avons mené hier. Nous sommes en réserve pour le moment. Il fait toujours un temps épouvantable : neige, eau, vent. Ne vous faites pas de mauvais sang si vous êtes quelques jours sans nouvelles. Je ne puis plus rien vous dire pour le moment à part que voilà 1 jour et 2 nuits que nous avons marché sans repos.
Bons baisers pour toute la famille, votre fils qui vous embrasse bien fort

20 avril 1917 :
Chères maman et sœur, je suis toujours en bonne santé. Voilà 4 jours que je n'ai pas de vos nouvelles. Je pense que vous allez toujours bien pour le moment. Nous allons au repos dans les parages (Vosges) quelques jours et ensuite nous irons où ? ? ? Enfin, je vis au jour le jour et me soigne sans m'inquiéter du reste.

127

Ne vous faites pas de mauvais sang et recevez mes meilleurs baisers.

20 avril 1917 : carte
Chers parents, en excellente santé ne vous inquiétez pas pour moi je suis presque en ligne.
Bons baisers pour toute la famille, votre fils qui vous embrasse très fort

21 avril 1917 :
Chers parents, je suis en excellente santé pour le moment. Rien de nouveau, je suis toujours en réserve à 4 km des lignes et attend le moment. Nous campons sous les tentes comme abri, au petit bonheur. Enfin je pense que nous serons bientôt là-haut. Ne vous faites pas de bile, je vais bien pour le moment. Je ne vois rien à vous dire qui puisse vous intéresser, aussi je termine en vous embrassant tous bien fort.
Où est Jules ?

30 avril 1917 :
Chers parents, je suis toujours en réserve et compte monter en ligne ce soir probablement sur ma droite. J'ai reçu votre colis qui m'est parvenu en bon état et qui a été le bienvenu. Je vais toujours assez bien mais ne vous faites pas de mauvais sang si vous êtes quelques jours sans nouvelles, il faut espérer que tout ira bien. J'ai travaillé à faire une cagna hier toute la journée car les fritz sonnaient tout autour de notre tente, ils nous ont même démoli 2 phares à 4 m de la tente.
  Aussi, maintenant que nous sommes installés, nous n'avons plus qu'à déménager encore une fois. Heureusement que nous y sommes habitués depuis 1 mois.
Bons baisers pour toute la famille.

24 avril 1917 : carte
Chers parents, toujours en excellente santé. Bons baisers pour tous. Ne vous faites pas trop de mauvais sang, donnez moi des nouvelles de Jules. Votre fils qui vous embrasse bien fort

26 avril 1917 : carte
Chers parents, je suis en bonne santé est en ligne depuis 2 jours. Le coin est assez dur mais ne vous inquiétez pas.
Bons baisers pour tous, votre fils qui vous embrasse

NDLR : Plus aucune lettre entre le 26 avril et le 11 mai. Je transcris ici une lettre de condoléances du 2 mai 1917 qui confirme le décès de son père, survenu visiblement subitement, fin avril, à l'âge de 50 ans, sans que je connaisse le moindre détail sur les causes du drame qui a frappé cette famille. Le soldat Georges a de toute évidence obtenu une permission pour les obsèques de son père.
Dès le 11 mai, il reprend sa correspondance avec une seule et brève allusion au décès de son père, dans sa lettre du 14 mai....

Lettre de la sœur de la mère de Georges datée du 7 mai 1917 :

Chère sœur,
Paul vient de partir avec Léon à Beaugey ; en partant, il m'a recommandé de vous écrire pour avoir de vos nouvelles quand il rentrerait. Je demande à Marguerite de vouloir bien nous en donner ainsi que de celle de votre belle- sœur. Puisque je n'ai pas eu le plaisir d'aller nous acquitter avec vous comme je le pensais après la vente de nos porcelets, Paul vous portera la somme prochainement.

Croyez bien chère sœur, que je suis avec vous de cœur dans votre malheur, je ne puis vous dire avec un mot à ce sujet, la perte est trop grande car Léon n'était pas un beau-frère pour moi, je le considérais bien plus.
En attendant de vos nouvelles recevez ainsi que Georges et Marguerite mes meilleures amitiés Avine Demortiere
(Avine Demortiere devait être mariée à un frère de Léon, le père du soldat)

11 mai 1917 : carte
Chère maman, je suis toujours au repos à 30 km des lignes environ pour le moment. Je suis en parfaite santé et pense qu'il en est de même pour toi et que le temps ne te dure pas trop de la Guite. Je crois que nous serons encore une huitaine tranquille. Bons baisers pour tous.

14 mai 1917 :
Chère maman, j'ai fait très bon voyage. J'ai quitté Jules à Sens où je n'ai eu qu'une heure d'arrêt pour aller à Troyes, où j'ai trouvé une correspondance une heure plus tard pour Chalon. J'ai été obligé de modifier mon itinéraire primitif qui était Saint Florentin, Jessains, car mon express où j'étais à brûlé à Saint-Florentin ce qui m'a fait aller jusqu'à Sens avec Jules, mais je n'en suis pas fâché puisque je suis arrivé ici ce matin à 9 heures ce qui ne fait pas 24 heures de voyage. Je vais me rapprocher des lignes ce soir à la nuit. J'ai trouvé toutes mes affaires. Les permissions sont rétablies normalement, aussi j'ai pas mal de camarades qui doivent y être actuellement. Ne t'inquiète pas pour moi, j'irai toujours en ligne du même côté mais le canon tonne bien moins qu'au début du mois. Pauvre maman, tu vas trouver la maison bien triste mais soignes-toi bien et ne t'inquiète pas pour moi. Embrasse bien la Guite, Jeanne, le pépé, la mémé et Simone pour moi et reçois mes meilleurs baisers.

130

Georges

15 mai 1917 :
Chères maman et sœur, me voici à nouveau en ligne. J'ai rejoins mon bataillon, mais quelle différence comme bombardement, ce n'est plus à comparer avec la fin du mois dernier, nous sommes bien plus tranquilles ce n'est pas trop tôt du reste. Je pense que Jules aura fait bon voyage comme moi, mais ne vous inquiétez pas et surtout soignez-vous bien
Embrassez bien toute la famille pour moi bons baisers ;
Georges

16 mai 1917 : carte
Chère maman, je suis toujours en bonne santé pour le moment. J'ai reçu des nouvelles de François Debord hier, Blanchard et Louis, je suis un peu occupé aujourd'hui et écrirai plus longuement demain. Embrasse bien toute la famille pour moi et reçois mes meilleurs baisers
Georges

17 mai 1917 :
Chères maman et sœur, je suis toujours en ligne en bonne santé pour le moment. Je pense qu'il en est de même vers vous. Je serais si peiné d'apprendre le contraire aussi, soignez-vous bien ; Occupez-vous de trouver une bonne, vous ne pouvez faire autrement. Je pense que vous serez assez raisonnables pour le comprendre aussi bien que moi. Je n'ai besoin de rien pour le moment, du reste je suis assez grand pour demander ce qu'il me manquera. Nous avons une coopérative installée où

nous allons au ravitaillement, aussi nous pouvons trouver à acheter le supplément de nourriture. Ne vous inquiétez donc pas pour moi. Voici déjà du reste 9 jours que le bataillon est en ligne aussi je pense que nous irons en réserve sous peu.

Embrassez bien toute la famille pour moi. Comment va Simone et le petit. (*Le petit dont il est question doit être l'enfant nommé Jean, né en 17 et mort en 1919, comme cela figure sur le caveau familial de Tournus (cf photo en fin d'ouvrage)*

Bons baisers de votre Georges

18 mai 1917 :

Chères maman et sœur, je suis toujours en ligne, en bonne santé pour le moment. Je suis avec le commandant aussi nous ne sommes pas trop mal. C'est la première nuit où j'ai été obligé de réparer la ligne depuis que je suis rentré. Le secteur est loin d'être ce qu'il était lorsque je l'ai quitté, seulement nous ne mangeons toujours qu'une fois par 24 heures. Les cuisines sont toujours à 10 km, seulement nous touchons de l'alcool solidifié et pouvons encore faire réchauffer c'est ce qu'il y a de bon. Je pense que vous avez reçu toutes mes lettres, aussi, vous voyez que je ne suis pas trop à plaindre.

Soignez-vous bien et embrassez bien toute la famille pour moi

Georges

20 mai 1917 :

Chères maman et sœur, je suis toujours en bonne santé et en réserve pour le moment. Je suis descendu des lignes hier pour 6 jours, nous sommes logés dans des petites Cagnas à côté des artilleurs. Le secteur n'est pas trop mouvementé pour le moment et à part le ravitaillement, nous n'avons pas trop à nous plaindre. Je pense que vous allez toujours très bien, du reste, voici 8 jours aujourd'hui que je vous ai quittées et je pense avoir de vos nouvelles bientôt. Je n'ai pu vous écrire hier car je comptais sur mon tantôt, et j'ai dû aller installer une ligne d'écoute au petit poste toute la soirée.

Embrassez bien toute la famille pour moi, bons baisers pour tous, Georges

21 mai 1917 carte :
Chère maman, je suis toujours en réserve et vais bien pour le moment. Toujours rien de nouveau. Le régime est le même. J'attends toujours de vos nouvelles. Je pense que vous êtes toujours en bonne santé. Je termine en vous embrassant tous bien fort

22 mai 1917 : carte :
Chère maman je suis toujours en excellente santé pour le moment. Je suis toujours en réserve au milieu des bois à 1500 m des boches. Rien de nouveau ; je pense que toute la famille va très bien. Je pense du reste recevoir bientôt de vos nouvelles.

Bons baisers pour tous ;
Georges

23 mai 1917 :
Chère maman, je viens de recevoir ta lettre et je suis content de savoir que tu as pu trouver quelqu'un. Je pense que tu en seras contente en tout cas tu auras bien moins de travail et la Guite pourra s'occuper du ménage avec la bonne qui pourra également faire les petites courses du magasin. Je viens de voir le journal de ce soir et crois que le gouvernement est loin d'avoir les prétentions d'antan, où sont les belles victoires ! Enfin la fin est peut-être plus près que nous ne le pensons. On peut tout de même espérer un peu maintenant. Si l'on pouvait enfin voir la fin de ce cauchemar ! Je vais toujours bien pour le

133

moment, le temps est assez beau, c'est le 4e jour que je suis en réserve. Je ne sais mais il est probable que nous allions au repos sous peu. En tout cas il est inutile de m'envoyer des colis, si jamais j'en ai besoin je vous en réclamerai.

Je pense que ma lettre vous trouvera tous en bonne santé

Embrasse bien toute la famille pour moi

Georges

25 mai 1917 :

Chères maman et sœur, je n'ai pas reçu de vos nouvelles hier et avant-hier mais je pense que vous êtes toujours en bonne santé pour le moment, comme moi du reste.

Que faîtes-vous ? Avez-vous reçu des nouvelles du sulfate ? Je crois que les marchandises de Lyon ont mis du temps à venir.

Je suis toujours en réserve et pense remonter en ligne ce soir toujours dans le même coin. Le secteur est agité sur la gauche tous ces jours-ci mais le coin où nous sommes est assez calme, et il faut bien espérer que cela continuera ainsi. Simone est-elle levée et le petit comment va-t-il ? Je serais si content de vous savoir tous ensemble et enfin en bonne santé. Je n'ai toujours rien reçu de Jules, je lui ai pourtant écrit en arrivant, il doit être arrivé comme moi sans incident fâcheux.

Je termine en vous embrassant tous bien fort

26 mai 1917 :

Chères mère et sœur, me voici à nouveau en ligne pour 12 jours. Nous sommes 3 dans un poste et avons quelque chose comme 12 km de réseau à entretenir, aussi, vous pouvez voir d'ici que le travail ne manque pas. Nous gardons la bonne habitude de manger la soupe qui nous arrive de 10 km toutes les nuits à 11 heures seulement. Comme c'est l'été, nous ne touchons plus d'alcool mais du charbon de bois pour la faire réchauffer. J'ai reçu la lettre de la Guite du 21 et suis content de savoir que vous avez l'air d'être contents de votre petite

134

bonne. Je pense que Simone a pu se lever sans incident, je crois que le temps devait commencer à lui durer d'être dans son lit. Vivement qu'elle soit vite rétablie et que vous soyez tous enfin en bonne santé et ensemble. Le petit va-t-il un peu mieux ? Embrassez bien toute la famille pour moi bons baisers pour tous.

27 mai 1917 :
Chères maman et sœur, je suis toujours en bonne santé pour le moment, quoique les boches nous ont sonné copieusement pour le jour de la Pentecôte. Ils nous ont attaqué ce matin et ont réussi à prendre pied dans notre première ligne, mais ont été chassés par une contre-attaque 1 /2 heure plus tard. Je n'ai pas eu trop à courir car le gros de l'attaque s'est plutôt passé sur le bataillon qui est à notre gauche, qui a du reste pu faire des prisonniers boches. Tout est calme pour le moment à côté du chahut infernal de toute la matinée. Je suis comme vous et attend tous les jours la fin. Malheureusement elle est tous les jours pour quelques-uns mais le cauchemar reste pour les autres. C'est dommage que je n'ai pas 200 Fr. de trop car j'aurais pu vous envoyer une belle croix de guerre, je viens d'apprendre la proposition pour 3 de mes camarades et c'est tout à fait honteux. Je n'ai toujours besoin de rien pour le moment, je vous demanderai dès qu'il me manquera quelque chose. Soyez tranquilles car j'en suis plus que jamais revenu du patriotisme et m'occupe plus que jamais de me conserver.
Embrassez bien toute la famille pour moi et recevez mes meilleurs baisers

28 mai 1917
Chères maman et sœur je suis toujours en ligne et en bonne santé pour le moment. Je n'ai pas pu vous écrire hier, j'ai manié la pioche toute la journée et me suis couché à 23 heures pour prendre la garde de 2 à 4. Le coin continu de s'agiter de

temps en temps. Il paraît que cela va mal à Paris d'après les permissionnaires et j'ai bien peur de me voir avec un casque à pointe sur la tête avant peu. Je me demande ce qu'attend le gouvernement pour traiter la paix coûte que coûte, je crois bien qu'il y aurait tout avantage pour nous car il s'est passé déjà plusieurs faits dans différents régiments (NDLR : *expression prudente* mais *allusion claire aux mutineries qui ont frappé de nombreux régiments au cours de cette année 1917*) et quant aux Russes, comme ils ont ce qu'ils voulaient, ils vont nous laisser nous débrouiller seuls sous peu. Je pense que vous êtes toujours en bonne santé, vous avez dû comme moi, passer de tristes fêtes de Pentecôte ; enfin, quand le malheur s'abat, on dirait qu'il s'acharne après vous.

Embrassez bien toute la famille pour moi,

Votre fils qui vous embrasse bien fort.

PS : je pense qu'Erny doit être en permission. Vous pourrez lui remettre un colis avec mon adresse, qu'il déposera à la cuisine roulante de la 5e compagnie, mais ne m'en envoyez pas par la poste pour le moment.

30 mai 1917 :

Chères maman et sœur, j'ai reçu la lettre de la maman du 25. Je suis content de vous savoir tous en bonne santé mais soignez-vous bien surtout. Le coin est très agité, les boches s'acharnent toujours sur le téton, enfin tout se passe sans grand résultat pour les boches, mais ils feraient pas mal de se calmer. Je suis toujours très bien pour le moment, je fais toujours des terrassements pour mettre des câbles sous plomb avec les prisonniers (français) enfin je commence à me faire à la société, tout n'est qu'habitude. Cette nuit j'ai commencé la lecture d'un bouquin d'Henri Barbusse intitulé « le feu », (*prix Goncourt 1916*) mais il vaut la peine d'être lu, je crois que c'est le seul jusqu'ici qui ait décrit la véritable vie journalière du poilu dans les tranchées.

Embrassez bien toute la famille pour moi et recevez mes meilleurs baisers.

31 mai 1917 : carte
Chère maman, aujourd'hui mon 6e jour de ligne qui a été un peu mouvementé au petit jour, j'en ai été quitte pour pleurer pendant 2 heures, ils nous ont pas trop mal servi pour la première fois qu'ils nous ont bombardés à gaz dans le secteur. Toujours la même vie autrement.

Embrasse bien toute la famille pour moi et reçois mes meilleurs baisers.

1er juin 1917 :
Chère maman, je n'ai pas reçu de vos nouvelles depuis le 25, mais je pense que vous êtes toujours en bonne santé. Quant à moi, je vais bien, je suis toujours en ligne, mais les boches n'ont pas recommencé leur sérénade d'hier et ont été assez tranquilles aujourd'hui. Mais ils nous ont assez fait pleurer hier matin, enfin c'est la guerre et malheureusement on en voie toujours pas le bout. On ne nous parle toujours pas de relève dans le secteur, il me semble que l'on pourrait tout de même nous remplacer. Il est passé plus de 3 divisions à notre droite qui sortaient de 2 à 3 mois de repos et qui, toutes, ont été relevées ; enfin il en est qui ont de la veine. Je ne vois plus grand nouveau à vous dire pour le moment, je pense que vous allez tous très bien

Embrassez bien toute la famille pour moi et reçois mes meilleurs baisers

Georges

2 juin 1917

Chères maman et sœur, je viens de recevoir votre lettre qui m'a fait grand plaisir. Je suis content de vous savoir tous en bonne santé mais voudrai bien que vous vous donniez moins de peine. Enfin j'espère que Simone sera bientôt guérie, aussi elle pourra bien vous aider le samedi. Je vous ai parlé pour mon colis que vous pouvez remettre à Erny mais au lieu de le faire déposer aux cuisines de la 5ᵉ, vous lui direz qu'il le remette aux cuisines de la CHR, je serai plus sûr qu'il me parvienne.

Rien de nouveau, il pleut aujourd'hui. Je vais toujours bien et pense qu'il en est de même pour vous.

Embrassez bien toute la famille et recevez mes meilleurs baisers.

4 juin 1917 :

Chère maman, je suis toujours en excellente santé. Rien de nouveau chez nous à part de bonnes nouvelles. Nous commençons à manger 2 fois par jour à partir d'aujourd'hui à 10 heures et 18 heures aussi vous voyez si c'est une affaire.

C'est à peu près tout ce qui est à marquer dans les annales.

Nous sommes un peu plus tranquilles ces jours-ci.

Soignez-vous bien surtout ; embrasse toute la famille et reçois mes meilleurs baisers

Georges

7 juin 1917 :

Chères maman et sœur, je suis toujours en bonne santé et pense qu'il en est de même pour vous. J'aurais peut-être de vos nouvelles ce soir ; je suis toujours en ligne pour le moment. Nous avons toujours le beau temps ce n'est déjà pas rien. Je me suis fait ma cagna car Fritz a déjà amené son artillerie. Mais le temps me dure et je voudrais tout de même être tranquille quelques jours.

138

Soignez-vous toujours bien et recevez mes meilleurs baisers.

7 juin 1917 :
Chère maman, je viens de tirer mes 12 jours de ligne et suis pour le moment en réserve à 4 km des lignes, au milieu des 155. Je viens de voir Erny dans le boyau mais je n'ai pu lui causer car il montait avec sa pièce sur le dos, aussi il n'a pas eu le temps de me causer. Il doit partir en permission autour du 10 je crois.
Je vais toujours bien et n'ai besoin de rien pour le moment.
Embrasse bien toute la famille pour moi et reçois mes meilleurs baisers
Georges

8 juin 1917:
Chers parents, je suis toujours en bonne santé pour le moment et n'ai pas eu de vos nouvelles depuis 3 jours. Hier j'ai été me nipper un peu au train de combat et j'ai vu Erny qui partait en permission. Voilà déjà 2 jours que je suis en réserve, dans 4 jours nous remonterons. Rien de nouveau pour le moment. Nous avons pu avoir notre ravitaillement cru, comme nous sommes détachés de la compagnie, aussi nous sommes 9 et, en s'arrangeant on ne boulotte pas trop mal pour le moment.
Je vais toujours bien et viens d'être prévenu que je dois partir faire un stage de TPS le 10, pour une huitaine de jours. Ce serait toujours autant de tiré à peu près tranquille.
Je termine en vous embrassant tous bien fort
Georges
NDLR : TPS : *télégraphie par le sol : technique utilisant la conductivité des sols ; elle utilisait des fils enterrés suffisamment profondément pour ne pas subir des coupures par l'artillerie mais sa portée était limitée à environ 3 km et n'était valable que pour des troupes immobilisées.*

10 juin 1917 :

Chères maman et sœur, je viens de recevoir de vos nouvelles qui m'ont fait grand plaisir surtout que je dois me rendre ce matin à Bouy pour y faire un stage de 8 jours de télégraphie par le sol, aussi je vais être privé de vos nouvelles pendant ces 8 jours plus 2 jours de voyage. Mais du moment que vous allez tous bien c'est l'essentiel.

Une fois rentrée de mon stage, rien ne sera changé pour moi et je reprendrai mon travail comme si rien n'était puisque nous devons ,tous les téléphonistes, apprendre à se servir des appareils TPS.

Je ne suis nullement étonné par ce que la maman m'a annoncé relativement aux clients. Les gens n'ont ni savoir-vivre ni amour-propre à l'heure actuelle. Quant à Simone elle n'est pas raisonnable du tout et elle pourrait bien reconnaître un peu ce que vous faites pour elle, surtout dans la peine où nous sommes tous à l'heure actuelle.

Tu pourras remettre un petit colis à Erny pour qu'il le remette aux cuisines de la CHR. Je le trouverai en rentrant de stage.

Embrassez bien toute la famille pour moi et recevez bien toutes deux mes meilleurs baisers

Georges

12 juin 1917 :

Chères maman et sœur, je suis toujours en bonne santé et à Bouy depuis hier. Je n'y suis pas trop mal et je ne me fais pas trop de mauvais sang. Je repars pour les lignes lundi prochain mais c'est toujours autant de tirer à l'abri des marmites. Nous sommes nourris à la compagnie de génie télégraphiste du corps d'armée, aussi on boulotte très bien. Le plus embêtant c'est que je vais être 8 jours sans recevoir de vos nouvelles, je les trouverai en rentrant. Enfin, je pense que vous allez toujours comme moi tous bien. Vous avez dû voir Erny. Il pourra me

rapporter un petit paquet qu'il déposera aux cuisines. Je serai du reste de retour en ligne avant lui. Il fait toujours une chaleur étouffante avec quelques rafales de pluie. Je tape sur le couineur tous les matins de 7 à 10h30 et le soir nous allons installer un poste dans les bois à l'ombre de 1h30 à 5h30, aussi vous voyez que l'on peut tenir le coup. Malheureusement cela ne dure que 8 jours enfin ne vous inquiétez pas pour moi et recevez mes meilleurs baisers
Georges

14 juin 1917 :
Chère maman, je suis toujours en stage et en bonne santé pour le moment. Aussi je pense bien que tu ne m'en voudras pas si je ne vous écris que tous les 2 jours. Je crois bien que sous peu nous serons relevés et ne sais si je les rejoindrai en ligne lundi prochain, mais je passe toujours 8 jours tranquilles en attendant. J'ai vu passer une ambulance américaine, je pense que c'est la 1re ligne extrême pour les Américains. En tout cas je ne vois encore pas la fin pour le moment. Ne vous inquiétez toujours pas pour moi, embrassez bien toute la famille et recevez mes meilleurs baisers
Georges

NDLR : *Premier signalement de l'intervention des troupes américaines qui débarquent en France depuis Avril 1917 sous le commandement du Général Pershing*

14 juin 1917 :
Chères maman et sœur, me voici à nouveau en ligne. Je vais toujours très bien. Je suis installé sur la fameuse lisière de la forêt de N… (sic) mais j'aime autant être ici car on est au moins sûr de recevoir moins de gaz que où nous étions hier. Les Salauds emploient tous les moyens. Enfin ne vous

inquiétez pas pour moi et soignez-vous toujours bien. J'ai reçu une lettre de Desrobert.
Bons baisers pour toute la famille.
PS : je viens de voir Erny à l'instant, il va toujours bien.

15 juin 1917 :
Chère maman, je suis toujours en bonne santé, étendu sur l'herbe en ce moment. Vous voyez que je ne suis pas malheureux et bien plus utile chez nous qu'ici. Enfin je vois toujours que nous serons relevés bientôt. Je ne suis pas au courant des permissions car voilà déjà 8 jours que j'ai quitté les lignes. Votre dernière lettre est du 3, je pense en trouver une collection en rentrant.
Nous sommes toujours bien nourris mais les individus qui sont ici ne savent pas l'apprécier, il leur faudrait une quinzaine de jours en ligne pour les…(*illisible*)
je pense que vous êtes toujours en bonne santé et termine en vous envoyant mes meilleurs baisers ; Georges

19 juin 1917 :
Chère maman, excuse-moi de ne pas t'avoir écrit hier mais comme tu nous savais en stage je pense que tu ne te fais pas de mauvais sang. J'ai du reste eu de la chance de rejoindre le régiment en repos et, ce qui est plus intéressant, c'est que j'ai pris le train et ai attendu un jour et demi dans le patelin avant que le régiment arrive, comme toujours à pied. Nous sommes dans un petit village de 100 à 150 habitants dans la Marne et pense y rester quelques semaines. Je n'ai pas encore pu avoir mes lettres et le temps commence à me durer. Enfin, je pense que j'irai en permission sous peu. Je termine en vous embrassant bien fort toutes deux.
Georges

PS : je viens de lire vos lettres du 5,8, 11 et 13 et vous en remercie. Je ne suis nullement surpris par le père Joyon, Simone ne doit pas être contente. Enfin il fallait que cela arrive et crois que nous n'avons réellement pas de chance, tous.

Plus aucune lettre jusqu'au 5 Juillet, preuve d'une permission.

5 juillet 1917 :
Chère maman, je suis arrivé hier tard dans mon cantonnement. J'ai retrouvé tous les camarades et mon saucisson. J'ai vu Erny et lui ai remis son paquet. Il y a pas mal de permissions exceptionnelles en ce moment et, si j'avais une note de Miot (*notaire à Tournus*) visée par le maire, me réclamant pour faire l'inventaire des marchandises 2 ou 3 jours avant que les pièces doivent se signer, je pourrais sans difficulté obtenir 3 jours, ce qui me ferait une semaine de bonne à passer à Tournus. Seulement il faudrait que je reçoive la réponse pendant que nous sommes au repos. Enfin vous le reverrez, j'ai plusieurs camarades qui ont obtenu pour cas analogues. Je n'y compte pas beaucoup puisqu'il ne plaît pas à Miot de voir les soldats en permission. Il suffirait qu'il fasse la lettre sur papier libre et le pépé irait à la mairie la faire approuver par le maire qui ne fera aucune difficulté pour la signer. En tout cas s'il refuse de me faire la pièce en question, il peut être sûr que je ne remettrai jamais les pieds chez lui, à moins que je ne sois forcé, car je ne sais pas pourquoi les camarades pourraient avoir tout ce qu'ils veulent et que je ne pourrais rien obtenir.
Je termine en vous embrassant tous bien fort en attendant de vos nouvelles.

6 juillet 1917 :
Chère maman nous sommes toujours au repos est assez tranquilles pour le moment. Tout notre travail consiste en 2

143

heures de sieste le matin et 2 heures le soir pendant lesquelles nous faisons quelques signaux optiques, aussi nous ne pouvons et n'avons du reste jamais été mieux. J'ai 2 camarades qui sont rentrés de permission il y a 10 jours et qui ont obtenu 24 heures pour aller à Paris sans aucun motif ; aussi vous voyez que si je recevais le moindre mot de Miot contresigné du maire pendant que nous sommes au repos, je serais presque certain d'obtenir 3 jours. C'est du reste ce qu'avait dit Monsieur Carbonel.

Je pense que vous êtes toujours en bonne santé et termine en vous embrassant tous bien fort

7 juillet 1917 :

Chère maman, je suis toujours en bonne santé et au repos pour le moment. Nous sommes toujours aussi tranquilles et je serais certainement mieux à vous aider qu'à passer mes journées allongé sur l'herbe. Enfin, j'attends tous les jours la lettre de Miot. Jules doit nous quitter aujourd'hui, enfin ne vous ennuyez pas trop et remontez-vous, on en verra peut-être la fin plus tôt qu'on ne le pense. Quant à moi, j'en ai pris mon parti, je suis insouciant pour tout ce qui se passe. Je termine en vous embrassant tous bien fort

9 juillet 1917 :

Chère maman je suis toujours en excellente santé et au repos. Hier nous avons eu cinématographe, retraite, concert et tout ce qui s'en suit. Aujourd'hui nous avons un peu pivoté car nous passons la revue du général de division demain, et celle du général Gouraud (1867-1946) vendredi 13. Nous ne sommes toujours pas trop mal tous ces jours. Je pense que vous avez reçu mes 2 premières lettres. J'attends votre réponse. Jules doit avoir rejoint actuellement. Enfin il faut prendre le temps comme il vient.

Je termine en vous embrassant tous bien fort

Votre fils qui vous embrasse bien fort.

11 juillet 1917 :
Je suis toujours au repos pour le moment et nous continuons à faire les pantins pour passer les revues. Hier nous avons passé celle du général de division. Il a oublié de nous pousser son spitch (sic) habituel sur les talons des boches. On nous a retiré toutes nos armes et munitions.
Ils vont peut-être nous apprendre à se battre à coups de poings. Les résultats seront peut-être meilleurs enfin. !

(NDLR : *très étonnant que cette lettre n'ait pas été censurée puisqu'elle évoque très clairement les conséquences des mutineries et montre bien la défiance des officiers vis-à-vis des troupes*)
J'attends toujours de vos nouvelles.

Voici déjà 8 jours que je suis rentré. Notre division fournit une compagnie de génie pour défiler à Paris le 14. Nous nous contenterons de défiler au milieu des champs de pommes de terre. Je termine en vous embrassant tous bien fort en attendant de vos nouvelles.

13 juillet 1917 :
Chère maman, je suis toujours en bonne santé et n'ai pas encore reçu de vos nouvelles. Je pense que, comme moi, vous allez toujours très bien.
Nous avons tout de même fini avec nos singeries de revues et aujourd'hui concours de décoration, aussi je reste tout à fait neutre, étant tout à fait revenu de faire plaisir à Monsieur X ou Y.
Je crois que nous irons au camp de Mailly qui se trouve à une quarantaine de kilomètres d'où nous sommes ces jours.
 Aujourd'hui, ils nous ont demandé ceux qui, moyennant 0,15 centimes, voulaient des diplômes comme ayant pris part à la

défense de Verdun. J'ai naturellement préféré garder mes 0,15 c que d'acheter une image certifiant que j'étais parmi les imbéciles qui se firent massacrer à la côte du poivre du 14 décembre au 6 janvier.

Il fait toujours très beau temps. Je termine en vous embrassant tous bien fort en attendant de vos bonnes nouvelles.

15 juillet 1917 : carte
Chère maman, je viens de recevoir ma réponse. Naturellement elle est négative. Il n'y avait rien à espérer avec une pareille lettre et je la conserve précieusement. Rien de nouveaux à part cela, je vais toujours bien. Demain je vous écrirai plus longuement. Bons baisers pour toute la famille.

15 juillet 1917 :
Chère maman, j'ai reçu de vos nouvelles en même temps qu'une lettre de Miot. Seulement je n'y compte pas plus que cela puisqu'il s'est trompé en la faisant, il a sauté une ligne ce qui change tout le sens de la lettre : « je vais procéder prochainement à l'inventaire des marchandises du magasin provenant du décès de votre mère qui, étant seule et n'ayant pas d'employés… etc. etc.… »

J'aurai sûrement la réponse aujourd'hui ou demain. En tout cas si la lettre arrive avant moi, il sera à peu près inutile de m'attendre pas plus que de faire une autre demande.

Toujours rien de nouveau à part cela. Aujourd'hui je pense me rendre à Châlons-sur-Marne avec un conducteur pour nous réapprovisionner en fusés signaux.

Bons baisers pour toute la famille

NDLR : *on comprend aisément sa rancœur vis-à-vis du notaire, Maitre Miot, avec cette incroyable erreur sur l'identité du défunt : le père et non la mère…*

18 juillet 1917 :
Chère maman, vous avez dû recevoir ma carte hier où je vous expliquais brièvement que je n'ai pas eu ma permission de la faute à Miot. La lettre avait absolument l'air d'avoir été faite par un individu qui avait été contraint, qui avait fait exprès de ne pas préciser. Je la conserve du reste précieusement ainsi que le titre de permission qui m'avait été établi et qui m'a été déchiré ensuite lorsque j'ai présenté ma lettre car au régiment la parole d'un homme est zéro.

Inutile de lui en parler et s'il demande des explications, vous lui donnerez des merci et des grands remerciements et lui direz que sa lettre est arrivée trop tard et que nous sommes en ligne maintenant. Je me réserve le droit de lui mettre la lettre devant le nez si l'occasion s'en présente un certain jour. Maintenant c'est peut-être un peu tard, mais cachez là le plus possible, la maman avait encore l'aire indécise la dernière fois.

Hier nous ne restons plus que 12 sur 40 à l'équipe, tous les autres étaient en permission de samedi midi et ne sont rentrés que mardi matin. Moi, j'avais également 3 jours, seulement quand le colonel a vu sur la lettre que ma mère était morte, sans employés et très embarrassée pour faire l'inventaire cela dépasse un peu les limites.

Comme nous avons passé toutes les revues la semaine dernière nous ne faisons absolument rien tous les jours, mais je tiens le coup et ne suis pas trop mal. Vous m'enverrez 1 saucisson et des bicots car on ne trouve que de la confiture et cela revient un peu cher.

Nous sommes toujours à Pocancy (*situé dans la Marne au cœur de la Champagne crayeuse*) et on ne parle plus de quitter J'embrasse bien toute la maisonnée.

147

PS : je crois vous avoir parlé de mon voyage à Chalon, les voitures se sont contentées de s'arrêter à 2 km, et comme je n'avais qu'une demi-heure pour charger 2 voitures de grenades et fusées, je n'ai pu y aller.

20 juillet 1917 :
Chère maman, je suis toujours en bonne santé et au repos. Certains bruits circulent comme quoi nous partirons demain pour Tahure (*commune entre Reims et Verdun, entièrement détruite et jamais reconstruite*) mais il n'y a rien d'officiel. J'ai fait la lessive ce matin en prévision du déménagement. Je n'ai plus songé à la fête de la Guite, ce n'est qu'en mettant la date que je m'en suis souvenu. Je vais toujours bien et ma foi ne voie plus grande nouvelle à vous apprendre, mais ne soyez pas étonnés si la correspondance est retardée. Voilà 6 jours que je suis sans nouvelles, j'ai dû vous parler hier que j'avais écrit à Jules.
Je termine en vous embrassant toutes 2 bien fort.

21 juillet 1917 : carte
Chères maman et sœur, je viens de trouver en arrivant au cantonnement la lettre de la Guite. Nous avons fait plus de 30 km aussi nous sommes esquintés. Nous repartons cette nuit à 2 heures ; comme nous sommes arrivés à 6 nous n'avons que 6 heures de repos. Nous prendrons probablement le secteur qui était occupé par 134, 56 et 10éme.
Excusez-moi, il y a ¼ d'heure que je suis installé et on vient me chercher. Nous rejoignons le fameux 2e bataillon qui est à 5 km plus loin.
Je termine en vous embrassant bien fort toutes 2.
PS : je vous écrirai dès que je serai en ligne.

24 juillet 1917 :

Chères maman et sœur, je suis toujours en bonne santé pour le moment et vous remercie de vos lettres que j'ai reçues tous ces jours. Me voici en ligne et à peu près installé. Je suis comme toujours avec mon commandant de compagnie. Le coin où nous sommes est assez tranquille, aussi je suis à peu près aussi bien que l'on peut l'être en ligne. Hier j'avais un cafard terrible, mais aujourd'hui je me suis habitué et ai retrouvé les copains ; aussi je crois que nous ne serons pas trop mal. Nous sommes en avant de Somain, je pense que Jules a reçu ma lettre et peut-être avez-vous le bonheur de l'avoir avec vous quelques jours. En tout cas je l'espère puisqu'il est au repos.

Enfin vous me rendrez réponse s'il a pu obtenir quelque chose. Quant à moi il n'y a absolument rien à faire et si Miot avait voulu faire son travail, je serai vers vous mais maintenant c'est trop tard, c'est du reste pourquoi j'ai écrit à Jules pour qu'il puisse en profiter si possible.

Je suis content de savoir que vous travaillez toujours un peu, en tout cas je crois qu'il ne faut pas avoir peur d'acheter, car le temps est encore loin où les marchandises vont baisser. En tout cas je crois que vous feriez bien d'acheter quelques machines à coudre maintenant avant la saison, pendant que les prix sont encore abordables.

Je termine en vous embrassant toutes deux bien fort.

26 juillet 1917 :
Chères maman et sœur, je reçois à l'instant la lettre de maman. Je suis content de vous savoir comme moi en bonne santé. Je souhaite que Jules soit avec vous, a-t-il eu plus de chance que moi ? Si j'avais eu de Miot la lettre que je lui ai envoyée, je l'aurais eu sans difficulté seulement avec une crapule il ne faut compter sur rien. En tout cas, ayez en lui toute la confiance possible. Quant à moi si je rentre dans X années il peut être sûr que je ne mettrai jamais les pieds chez lui. Quant à la lettre, je la garde trop précieusement pour vous la faire parvenir.

149

La maman me demande conseil pour le mastic, aussi je suis partisan d'acheter le plus possible car la guerre a encore des années avant d'être finie et que les marchandises baissent.

Je suis toujours avec la compagnie des as de la 7éme, aussi bien que l'on peut l'être à 100 m des boches. Le travail n'est pas dur et je suis pour le moment toujours bien nourri à la compagnie de mitrailleuses où nous avons bifteck *(sic)* matin et soir.

Je termine en vous embrassant bien tous de tout cœur

28 juillet 1917 : carte
Chère maman, je reçois à l'instant une lettre de la Guite. Je vais toujours très bien. J'ai reçu votre colis et vous remercie. Toujours rien de nouveau. Je suis de votre avis pour le... *(illisible)* du reste vous n'avez nullement besoin de mes conseils. Le coin est toujours assez calme, c'est la guerre naturellement et hier nous avons eu un coup malheureux. Enfin embrassez bien toute la famille

29 juillet 1917 :
Chère maman, je suis toujours en bonne santé pour le moment. Je n'ai pas reçu de vos nouvelles depuis 3 jours. Je suis descendu chercher du fil au PC du colonel et j'en suis remonté avec un cafard fou, aussi je ne suis pas près d'y retourner. Enfin c'est toujours les mêmes imbéciles qui doivent rester en ligne et les autres qui se reposent.

Rien de nouveau. Les boches nous envoient toujours des saloperies qui se cassent en faisant du bruit pour changer. J'ai dû vous dire que j'avais reçu votre colis. Vous ne m'en enverrez plus avant que je vous en redemande.

Je termine en vous embrassant bien fort.

31 juillet 1917

Chère maman, je viens de recevoir la lettre de la maman. Jules a peut-être été à Tournus, enfin je le souhaite. Rien de nouveau. Je suis toujours en ligne.

Ce matin nous avons pris un boche dans un petit poste. Les 3 qui étaient avec lui ce sont débinés mais nous avons pu en avoir un. Il n'a rien de différent avec les autres et ne songe pas plus que moi à la fin de la guerre. Le pauvre malheureux n'en menait pas large sur le coup, mais quand il a vu que l'on respectait sa peau, il a pris son sourire made in Germany.

Plus rien à vous dire, je termine en vous embrassant tous bien fort

1er août 1917 carte

Chère maman, je suis toujours en bonne santé pour le moment. En ligne pour me distraire les idées. Rien de neuf, toujours la guerre. Assez calme dans ce coin

Bons baisers pour toute la famille.

2 août 1917

Chères maman et sœur, je suis toujours en ligne pour le moment et en bonne santé. Hier soir les boches nous ont un peu arrosés, enfin je pense que ce n'était que pour nous donner un peu le change. Ils n'ont pas trop rouspété pour le boche que nous leur avons pris. Je ne crois pas que nous soyons dans ce coin pour longtemps. Je peux retourner au repos pour quelques jours sous peu et ensuite nous aurons le plaisir de remonter dans nos coins favoris : chemin des dames ou autres. Je pense avoir une lettre de vous ce soir, j'ai un peu moins le cafard ces temps-ci. Vous m'enverrez 20 Fr. par mandat carte.

Embrassez bien toute la famille pour moi et recevez mes meilleurs baisers

3 août 1917 :

151

Chère maman et sœur, je viens de recevoir la lettre de la maman m'annonçant la visite de la tante et de Jeanne. Je vois que la maman est bien fatiguée aussi je ne vous dirai plus rien et vous ferez comme vous voudrez, car je ne vois encore pas la fin proche et ne vois nullement quand je rentrerai, et tant va la cruche à l'eau qu'à la fin elle se casse. Voilà un an aujourd'hui que je commençais à me promener au nez des boches. Que me réserve l'année qui vient à nouveau de commencer pour moi. Aussi je préfère avant tout que vous vous soignez toutes deux plutôt que de vous user à vous entêter à gagner quelques sous. Comment tout se passera-t-il après la guerre. Les Américains ont loué tous les immeubles qu'ils occupent pour 3 ans. Combien avons-nous encore fait massacrer de Français en Belgique ? (Nos pertes sont minimes)

(NDLR : cette dernière phrase, soulignée, est bien évidement très ironique, reflétant les propos de l'état-major ou de la presse, en contradiction évidente avec la triste réalité qu'ils affrontent)

Enfin, soignez-vous et laissez aller comme le vent pousse mais soignez-vous. Je termine en vous embrassant toutes deux bien fort, Georges

4 août 1917 : carte
Chère maman et sœur, je suis toujours en bonne santé et vais toujours bien. Voici bientôt une semaine que l'on se croirait plutôt au mois de novembre qu'au mois d'août. Toujours pas de changement pour moi. Je vais bien soignez-vous bien.
Votre Georges qui termine en vous embrassant bien fort toutes deux.

6 août 1917 :

Chères maman et sœur, je suis toujours en bonne santé et vais très bien pour le moment. Je suis toujours en ligne pour le moment. Je pense que nous n'y serons guère plus de 8 jours avant d'être relevés. Je crois que nous serons affectés au 7ᵉ corps, Ain, Jura etc.... nous remplacerons probablement les vides causés par l'expulsion de plusieurs régiments décorés de la fourragère et qui ont refusé de marcher à la 3ᵉ fois que l'on voulait les faire monter au chemin des dames.

Enfin nous avons peut-être plus de repos qu'à rester division bouche-trou. Depuis 12 jours que nous sommes ici, nous avons eu nos 3 bataillons en 1ʳᵉ ligne. Il y en a tout de même un qui est descendu au repos à 4 km des lignes hier soir. Nous occupons un terrain qui a été conquis par nous le 25 septembre 1915 et nous sommes obligés d'y faire un travail fou.

Nous avons dégagé hier encore une sape pleine de munitions boches, au bout d'une demi-heure de travail, et nous venons de relever une division qui a été 6 mois dans le même coin. C'est tout juste si il y a une tranchée de 1ʳᵉ ligne. Il y a des régiments qui se la coulent tout de même un peu trop doucement et qui s'en fichent un peu de trop. Ils ont peut-être raison puisqu'ils sont encore les mieux vus et que c'est à eux que l'on fiche la paix. Je pense que ma lettre vous trouvera en bonne santé. J'aurais probablement une lettre de vous ce soir mais j'ai bien peur d'y apprendre que Jules n'a pu obtenir de permission. Embrassez bien toute la famille pour moi et recevez mes meilleurs baisers.

NDLR : le chemin des dames est une crête d'environ 30 km située entre la vallée de l'Ailette au Nord et la vallée de l'Aisne au Sud ; Ce plateau constitue un bel observatoire où les allemands sont installés depuis septembre 1914 ; les troupes allemandes ont transformé cet observatoire en une véritable forteresse, avec aménagement des carrières souterraines (caverne du Dragon) et construction de nombreux ouvrages

153

bétonnés avec nids de mitrailleuses. Les Français sont établis sur les pentes en contrebas des positions allemandes ; le 16/04/1917 le Général Nivelle déclenche une offensive pour reprendre cette crête ; des moyens considérables sont mis en œuvre, avec pour la première fois l'utilisation de chars ; cependant ces chars lourds, extrèmement lents (4 km/h) furent des proies faciles pour les canons allemands ; sur 128 chars engagés, 57 furent détruits et 64 en panne ou enlisés. Cette offensive se solda par un échec relatif, les gains de terrain restant minimes, au prix de pertes considérables ; on estime les pertes à 200000 hommes ; en particulier les troupes sénégalaises ont perdu 7000 hommes sur un effectif de 16500 engagés. Cette période marque le début des mutineries qui affectèrent de nombreuses unités françaises. Nivelle (surnommé par les soldats « le boucher ») fut remplacé par Pétain le 15 Mai 17 ; ce n'est qu'en octobre 17 que les troupes françaises reprendront cette position, en particulier la caverne du Dragon.

8 août 1917 : carte
Chère maman, je vais toujours très bien et suis toujours en ligne. Je suis avec le commandant depuis hier. Toujours rien de nouveau. Nous travaillons toujours et quand nous serons à peu près organisés, nous partirons dans un coin à refaire. Enfin nous ne sommes pas trop chambardés pour le moment.
Embrassez bien toute la famille pour moi

9 août 1917 :
Chères maman et sœur, je reçois à l'instant la lettre de maman. Je crois malheureusement comprendre, mais il faut espérer que ce n'est qu'une fausse alerte. La pauvre mémé doit en être toute retournée avec leur maison en chantier. Enfin ! ! En tout cas, tachez de bien vous soigner toutes deux pour ne pas

154

tomber malade également. Je vais assez bien pour le moment et m'attend à descendre au repos le 12. Le coin où nous sommes est toujours à peu près le même.

Aujourd'hui, notre artillerie tape pas mal fort, mais ce doit être une simple diversion. Tâchez de remonter un peu la mémé, et le pépé, je suis sûr qu'il ne doit plus savoir de quel côté se retourner. C'est tout de même une triste existence en récompense de leur vie de travail.

Embrassez-les biens tous pour moi et recevez mes meilleurs baisers

Georges

10 août 1917 carte
Chère maman, je vais toujours bien pour le moment. Toujours pas de nouveau actuellement. Je vous écrirai plus longuement demain. Bons baisers pour tous.

12 août 1917.
Chères maman et sœur, je vais toujours bien et suis naturellement toujours en ligne. Ces salauds de boches ne font que nous envoyer des gaz. J'ai vu un bon abri aussi je me tiens pénard car je ne tiens nullement à me faire moucher avec leurs saloperies avant d'aller en perm.

Mon cabot vient de descendre à l'infirmerie. Il a un doigt qui est aussi gros que mon bras, rien que d'avoir touché un fil téléphonique sans se piquer.

En tout cas soignez-vous et ne vous faites pas de mauvais sang pour moi. Je termine en vous embrassant toutes deux bien fort en attendant de vos nouvelles.

12 août 1917 :
Chère maman, je vais très bien et suis en bonne santé. J'ai reçu les 20 Fr. de la Guite. Je suis assez fatigué aujourd'hui car nous avons marché toute la nuit. Nous sommes descendus des lignes

155

cette nuit et regagnons le petit pays où j'étais au repos dernièrement. Voici 3 jours que je n'ai pas de lettre, aussi j'espère en avoir 2 demain. Soignez-vous toujours bien et ne vous inquiétez pas de moi tant que je serai au repos.

Je termine en vous embrassant toutes deux bien fort

15 août 1917

Chères maman et sœur, je suis toujours en bonne santé pour le moment est vais toujours très bien. Nous sommes enfin arrivés à nos anciens cantonnements où nous y passerons sûrement une huitaine avant de rejoindre le camp de Mailly, mais je ne crois pas que notre stage y sera long, enfin c'est toujours autant de bon temps pris. Nous avons eu la pluie sur le dos pendant la dernière étape, aussi heureusement que j'avais trouvé un capuchon boche en toile huilée, aussi je n'ai pas été trop mouillé. J'ai reçu de vos nouvelles hier. Je commençais à trouver le temps long. Ne vous inquiétez pas pour moi et soignez-vous bien. Je me suis pris de bec avec le sergent et le lieutenant pour la nourriture, mais j'ai obtenu gain de cause. Pauvre France ! Quelles nullités s'occupent de ses poilus. Enfin embrassez bien toute la famille pour moi et recevez mes meilleurs baisers.

Le camp Mailly fut créé en 1902, à cheval sur les départements de l'Aube et de la Marne, d'une superficie de 12000 hectares, il fut très utilisé pendant la guerre de 14, en particulier pour équiper et entrainer le corps expéditionnaire russe en 1916 ; toujours en service actuellement.

17 août 1917 :

Chères maman et sœur, je viens de recevoir la lettre de maman du 14. Je suis toujours au repos pour le moment mais ne pense pas y rester longtemps. Maintenant, je ne sais au juste si nous irons passer quelque temps dans un camp ou si nous monterons directement en ligne. Il fait un temps magnifique aujourd'hui, mais il y a longtemps que nous n'avons eu une journée sans pluie.

Cette fois-ci nous n'avons pas encore été désarmés, ils ont un peu plus de confiance en nous probablement.

NDLR : il est assez incroyable de constater qu'en pleine guerre, on désarmait les soldats par peur des mutineries… !

J'ai vu Erny hier. Il n'est pas dans le même pays que moi, mais à 2 km et il était venu voir des copains c'est ce qui fait que nous avons bu une bouteille ensemble. Je suis toujours avec Bury, Buchillet qui sont dans le même pays. Je vois plus grand-chose à vous dire.

Soignez-vous tous très bien et recevez mes meilleurs baisers.

18 août 1917 :

Chères maman et sœur, je suis toujours en excellente santé pour le moment. Nous sommes toujours au repos pour le moment. Guyonnet vient de rentrer à la compagnie HR ce matin. Il arrive du PDD aujourd'hui ce qui fait qu'il est avec moi ; aussi, si jamais il m'arrivait quelque chose, vous n'auriez qu'à lui écrire, même adresse que moi. Nous serons 2 de Tournus ensembles cette fois-ci. Je lui dis qu'il se débrouille pour passer signaleur, c'est bien plus le filon car il n'a pas à monter en ligne, mais je ne sais s'il y arrivera.

Mon copain intime me quitte ce soir, il est désigné pour aller à Salonique. Il a 4 jours de permission et rejoint Brive au 84e. Je n'ai pas pu l'en empêcher mais j'ai bien peur qu'il ne s'en morde les doigts car il ne retrouvera jamais une place de signaleur au colonel comme celle qu'il avait. Enfin, il était dégoûté d'être commandé par les goujats que nous avons, mais je crois bien que c'est partout pareil. Pauvre France ! (*NDLR :*

il est très étonnant que de tels propos aient pu franchir la censure mais une fraction seulement des innombrables lettres était lue par les censeurs)

Embrassez bien toute la famille pour moi, bons baisers pour toutes 2.

21 août 1917

Chères maman et sœur, voici 4 jours que je suis encore sans nouvelles. Je pense que vous allez toujours très bien comme moi. Je suis toujours au repos dans le même pays et l'on ne parle plus de nous faire changer pour le moment. Nous allons à l'exercice tous les jours mais on peut tenir sans trop de peine. C'est des jours de repos qu'ils nous feront peut-être payer cher, mais c'est toujours autant de pris en passant. Que faites-vous ? Avez-vous toujours autant de travail ?

Embrassez bien toute la famille pour moi et recevez mes meilleurs baisers

24 août 1917

Chères maman et sœur, je reçois à l'instant votre lettre m'annonçant la mort de Georges Levitte. J'en ai été d'autant plus surpris que je le savais dans une brigade d'infanterie. Enfin si nous devons y rester, on peut se trouver n'importe où. Henry part demain matin. Je viens de le voir à l'instant, il vous dira que nous sommes toujours au repos pour le moment. Vous pourrez lui remettre un saucisson et des fromages. Mais ne lui remettez pas de gâteau, c'est inutile, c'est trop encombrant. Je suis toujours avec Guyonnet ; Louis doit écoper sérieusement dans son coin. Je ne sais où se trouve Georges pour le moment. J'ai reçu une carte de Jules qui me disait qu'il faisait un stage de fusil SRG (*fusil semi-automatique*) mais il doit l'avoir terminé actuellement.

Dans notre coin je crois que c'était temps que notre artillerie parvienne à taper sur les réservoirs à gaz boches, car s'ils avaient eu le temps de nous envoyer le gaz, il y aurait eu des victimes chez nous. Enfin je me demande si cette vie pourra durer encore longtemps. Je vais toujours bien et pense qu'il en est de même pour vous.

Embrassez bien toute la famille pour moi et recevez mes meilleurs baisers.

25 août 1917 :
Chère maman, toujours rien. Enfin je commence à m'y habituer. Les permissions sont suspendues depuis aujourd'hui, aussi Henry est parti au bon moment. Je pense remonter en ligne dans 2 ou 3 jours mais ne sais nullement dans quel coin. Je vais bien et profite des dernières journées qu'il me reste à passer ici.

Bons baisers pour tous.

27 août 1917
Chère maman, toujours au repos, probablement la dernière journée. Je pense que vous avez vu Erny. En tout cas il a le temps de rentrer et se renseigner à Chalon-sur-Saône pour son train. C'est pas la peine de lui remettre de colis car je ne le verrai sûrement pas. Ne vous inquiétez pas pour moi. Je pense être en ligne le 1er est ai encore l'intention d'en revenir comme les autres fois. Quant au courrier, vous savez qu'il marche très mal. Je pense voir Louis Bouillon à moins qu'il n'ait changé ces jours derniers.

J'ai causé hier avec un capitaine qui m'a dit savoir du général De La Guiche (*1859-1940*), qui est des environs de Tournus, que notre dernière offensive sur Verdun avait très bien marché et que nous comptons 1 % de tués et 10 % de blessés. Si c'est vrai, nous n'aurons pas à nous plaindre. Enfin nous en verrons peut-être tout de même la fin un jour.

159

Soignez-vous bien et recevez mes meilleurs baisers pour tous

28 août 1917

Chère maman, je suis toujours en excellente santé pour le moment. Je vais bien actuellement et suis toujours au repos. Nous nous payons un voyage en camion demain. Ne vous inquiétez pas pour moi, je ne me fais pas trop de bile. Soignez-vous toujours bien. Je vous écrirai le plus souvent possible mais vous savez comment va le courrier dans certains cas. Je pense que vous allez toujours très bien. La permission d'Erny se tirera peut-être lorsque vous recevrez ma lettre.
Embrassez bien toute la famille pour moi

30 août 1917

Chères maman et sœur, je suis toujours en bonne santé et monte ce soir en ligne. Ne vous faites pas de mauvais sang car vous serez certainement 8 jours sans nouvelles. Je vais toujours très bien et ne me fais pas trop de bile.
Bons baisers pour toute la famille.

1er septembre 1917

Chères maman et sœur, je suis toujours en bonne santé pour le moment, toujours en ligne pour 1 journée ou 2 encore. J'ai cassé le verre de ma montre, aussi tâchez de m'en envoyer un avec le boîtier de papa si vous savez où il se trouve. Vous m'enverrez le tout en un petit paquet recommandé. Je pense que vous allez bien et que vous vous soignez également bien. En tout cas ne vous privez pas et ne vous inquiétez pas pour moi.
Je termine en vous embrassant bien fort en attendant de vos nouvelles

2 septembre 1917

Chères maman et sœur, me voici à nouveau au repos pour le moment. Je reçois de vos nouvelles à l'instant, aussi je suis content de vous savoir tous en bonne santé. Je vois que le travail ne manque pas, mais il ne faut pas se donner trop de peine et il vaut mieux vous soigner toutes deux convenablement. Les réparations de la mémé vont vite, aussi j'en suis étonné. En tous cas vous serez bien mieux pour passer l'hiver qu'en gardant le bas, sans sujet à déménager en cas d'eau.

Je me hâte car il est 4 heures et je dois réveiller toute l'équipe, nous avons manœuvre aujourd'hui et ne rentrerons pas avant la nuit.

De gros baisers pour toute la maisonnée.

4 septembre 1917

Chère maman, je reçois à l'instant ta lettre qui m'annonce le prochain départ de la Guite. Je suis bien ennuyé de te savoir seule pour si longtemps. Enfin, j'espère que tu ne te feras pas trop de mauvais sang. Je suis au repos en ville, logé dans une maison assez bien pour le moment, mais c'était temps que je descende, mais je suis déjà remis. Nous n'avons pas encore eu de neige et une seule journée de gelée jusqu'à présent. Soigne-toi bien pour le moment.

Bons baisers pour tous.

4 septembre 1917

Chères maman et sœur, je suis en ligne et en assez bonne santé pour le moment. Cela a été un peu vite. Enfin ne vous inquiétez pas de trop pour moi. Je suis en ligne à Bezonvaux (NDLR: *village de la Meuse, l'un des 9 villages totalement détruits et jamais reconstruits ni habités*), mais espère tout de même en

161

revenir. Embrassez bien toute la famille pour moi et recevez mes meilleurs baisers.
Votre fils qui vous embrasse bien fort

5 septembre 1917 carte
Chère maman, toujours au repos dans le même coin. Rien de nouveau pour le moment. Je vais toujours bien. Bonjour à tous, bons baisers.

6 septembre 1917
Chère maman, je suis toujours en bonne santé et reçois à l'instant la lettre de la mémé. Je suis étonné que vous ayez tant de monde et Bourgeon ? Nous sommes toujours au repos à V. pour le moment. Jules doit être en Italie pour le moment. Ce sera sûrement plus dur qu'ici mais je pense qu'il s'en tirera assez bien. Je ne vois plus grand-chose à vous dire
Je termine en vous embrassant tous bien fort

NDLR : En 1917 les Italiens résistent aux forces austro-hongroises sur le fleuve Piave, leurs 51 divisions étant renforcées par 6 divisions alliées comportant des combattants français, britanniques et américains ; le cousin Jules devait faire partie de ces troupes.

7 septembre 1917 carte
Chères maman et sœur, je vais toujours bien et suis en ligne. Bons baisers pour toute la famille.

11 septembre 1917 carte
Chères maman et sœur, je suis encore des vivants à l'heure actuelle mais je suis esquinté (*aucun renseignement sur ce qui a pu lui arriver*). Ne vous inquiétez pas pour moi. Bons baisers pour toute la famille.

14 septembre 1917

Chères maman et sœur, je reçois à l'instant de vos nouvelles et vous en remercie. Je viens de voir Erny qui m'a remis 10 Fr. J'ai également reçu votre mandat. Je pourrais me soigner si nous sommes quelques temps au repos. Nous sommes toujours dans un pays évacué, seuls au milieu des terres incultes, aussi on s'y fait plutôt des cheveux. J'ai vu des nouvelles de notre division dans les journaux, vous parlez d'un honneur. Je suis toujours mal foutu mais je pense que dans 2 ou 3 jours je serai tout à fait d'aplomb. Je n'ai pas eu mon colis car toute l'équipe me croyait blessé aussi Erny a appris cela comme les autres et il a boulotté le colis. Il était même temps que j'aille le retrouver aujourd'hui car il se préparait à vous renvoyer les 10 Fr.

Je crois que Guyonnet ira en permission un de ces jours. Il pourra vous donner de mes nouvelles plus fraîches. Quant à moi s'il y a de forts départs pour 10 jours, bientôt j'en serai, mais je ne compte pas trop avant le 15 octobre. Plus grand nouveau à vous annoncer

Soignez-vous toujours bien et ne vous inquiétez plus pour moi. Bons baisers pour toute la famille, votre fils qui vous embrasse bien fort

17 septembre 1917

Chères maman et sœur, je vais toujours bien et me fais toujours aussi vieux dans ce sale coin inoccupé. Je me demande ce que l'on attend pour nous faire partir plus loin. Nous avons tous étés habillés à neuf, aussi on sera déjà beau si nous allons dans un pays habité, seulement ce n'est pas ce qui fera revenir tous les camarades qui sont restés là-haut ainsi que notre général Riberpray *(1861-1917, tué devant Verdun le 11/09/17, l'un des 41 Généraux français tués pendant le conflit)*. Nous avons eu de la chance d'être relevés assez tôt car les boches nous ont repris bien plus que ce que nous occupions, et le 168 et 169

163

sont encore en train de se taper quelque chose comme contre-attaques. Brusson fait partie des 14 survivants de la 10ᵉ compagnie qui sont descendus des lignes. Je crois que nous pouvons nous dire vernis.

Soignez-vous toujours bien et embrassez bien toute la famille

18 septembre 1917

Chères maman et sœur, je suis toujours en assez bonne santé pour le moment et vais assez bien. Guyonnet est parti en permission ce matin. Je n'ai pu le voir avant de partir, j'ai été nommé de garde au dernier moment et comme on prend la garde à 2 km d'où nous couchons, je ne l'ai pas vu à son départ. Je pense qu'il passera vous dire bonjour. Seulement vous ne lui remettrez pas de colis, l'avant-dernier je me trouvais en permission et le dernier, soi-disant j'étais blessé et ils me l'ont boulotté *(il semble bien avoir disparu aux yeux de ses copains du 11/09 au 14/09 sans que j'en connaisse la raison ; en tout cas si blessure il y eu, elle ne devait pas être sérieuse)*. Quant au saucisson que j'avais précieusement mis de côté en revenant de permission, c'est fritz qui doit s'être délecté les mâchoires avec, aussi maintenant, je ne garde plus rien, je boulotte tout ce que j'ai et ce que j'ai trouvé au jour le jour.

Soignez-vous toujours bien et recevez mes meilleurs baisers pour toute la famille.

19 septembre 1917

Chères maman et sœur, je suis toujours en assez bonne santé et pense qu'il en est de même pour vous. Je rentre à l'instant de conduire les sacs des morts, disparus et blessés du régiment, en gare et je vous assure que ce n'est pas une petite corvée. En rentrant j'ai été obligé de dire les vérités à mon cabot et le prier de fermer sa mâchoire, lui ayant fait comprendre que je voulais bien lui avoir gagné 2 Croix de guerre mais que je ne me sentais nullement l'audace de recommencer encore, n'étant qu'un gosse et lui un père de famille. Tout a une limite.

Il est bon d'être la poire et non le poirier or comme de ce côté je m'appelle tout de même Demortière, il a trouvé à qui parler.

Nous sommes toujours isolés perdus dans ces baraques seules. Cette nuit, les boches sont venus lâcher des crottes tout autour de nous mais il n'y en a pas eu de touchés, mais nous avons une supériorité aérienne ? ? ??

Quand verra-t-on la fin. Enfin, embrassez bien toute la famille pour moi et recevez mes meilleurs baisers.

NDLR : *il mentionne probablement un bombardement aérien et semble douter de la prétendue supériorité aérienne française*

23 septembre 1917 carte

Chères maman et sœur, je suis enfin au repos et en bonne santé pour le moment. Je suis détaché au bataillon. Nous sommes 4 et nous mangeons ensemble aussi, nous sommes pas mal. Si c'était Jules, il aurait pu faire venir Simone car on trouve des chambres assez facilement, mais je préfère coucher sur la paille et me soigner un peu mieux. Je pense que nous serons à Charmes La grange puis Joinville et Vassy. Pour moi aussi j'aurais peut-être le plaisir de vous rendre visite pendant ce temps.

25 septembre 1917 carte

Chère maman, comme le temps doit te durer toute seule enfin je pense que la mémé est avec toi. Quant au pépé il ne doit savoir où donner de la tête avec ses vins. Je suis toujours très bien mais nous ne sommes plus que 3 ce qui nous fait 8 heures de garde par jour, mais j'aime autant car je suis plus libre le restant de la journée. Je me dépêche car j'ai tendu des

165

bouteilles *(?)* et comme il est 5 heures je tiens à les lever avant le jour. Je termine en vous embrassant bien fort tous 3

27 septembre 1917 carte
Chère maman, je suis toujours tranquille dans mon château pour le moment. J'irai probablement à Tournus le 1er octobre mais ne puis encore vous fixer la date pour le moment. Nous venons de manger une friture de vérons, tu vois que nous ne sommes pas bien à plaindre pour le moment. Hier, écrevisses, aussi on se distrait et se remplume tout en même temps. J'ai reçu une carte de la Guite. Soignez-vous toujours bien.
Je termine en vous embrassant bien fort tous trois en attendant le plaisir de vous voir.

28 septembre 1917 carte
Chère maman, je viens de recevoir ta lettre m'annonçant que tu changes de bonne. C'est embêtant de ne pouvoir trouver des gens sérieux. Enfin que veux-tu ?
Je viens d'être renseigné pour ma permission, c'est encore un coup de Trafalgar, nous partons les 3/4 de ceux qui sont redescendus. Lundi 1er octobre probablement aussi j'en suis assez embêté car j'aurais préféré y aller 15 jours plus tard. J'aurais au moins pu t'aider à ranger la marchandise de Lurcy, enfin je n'ai pas le choix. Soigne-toi toujours bien et reçois un gros baiser pour tous trois en attendant le plaisir de vous voir.

30 septembre 1917
Chères maman et sœur, j'ai tout de même reçu de vos nouvelles, je commençais à être inquiet. Je suis content de vous savoir en bonne santé. Ne vous inquiétez pas pour moi, je vais toujours bien pour le moment. Je suis monté en ligne depuis hier mais mon poste est assez loin aussi je ne me plains pas malgré mes pieds qui commencent à se gonfler.

166

Soignez-vous toujours bien et bons baisers pour tous.

Interruption de courrier du 30 septembre 1917 au 17 octobre 1917 correspondant à la permission tant attendue.

17 octobre 1917 carte
Chères maman et sœur, je suis toujours en bonne santé et j'ai fait un très bon voyage à pied. Parti à 10h30 le 16 j'étais déjà couché le 17 à 1h30. J'ai touché tout mon matériel d'hiver et pense monter en ligne où nous avons attaqué le 15 décembre, c'est pas de veine tout de même. Nous sommes au complet ayant été renforcés par le 417 qui a été dissous. Comme rentrée de permission on ne peut pas trop mieux trouver mais j'y suis habitué, enfin, soignez-vous et ne vous en faites pas pour moi. Votre fils qui vous embrasse bien fort

19 octobre 1917 carte
Chère maman, en route pour les lignes. Je vais bien et suis actuellement dans la forteresse. Demain je ferai de nouveau connaissance avec les boches. Il n'y a que l'eau qui m'effraie mais ne vous inquiétez pas pour moi. J'ai encore l'intention de m'en tirer.
Bons baisers pour tous et soignez-vous toujours bien.

20 octobre 1917 carte
Chères maman et sœur, 2 mots avant de monter. Je suis toujours bien ne vous inquiétez pas pour moi, rien de nouveau. Bons baisers pour toute la famille.

22 octobre 1917 carte

167

Chères maman et sœur, je suis toujours en excellente santé pour le moment. Nous sommes au régime joquet (sic) comme chaque fois que nous passons dans ce coin. Je ne me fais pas trop de bile malgré cela. Les boches sont tout de même plus calmes que le 8, mais pas une seule tranchée, c'est la cavalcade de trou en trou avec 50 cm d'eau. Ne m'envoyez rien car les colis n'arrivent pas, vu toute la peine que nous avons à nous ravitailler.

Enfin, c'est la guerre et je ne m'attendais pas à la recommencer de sitôt, mais ne vous faites pas de mauvais sang pour moi.

Bons baisers pour toute la famille

23 octobre 1917 carte

Chères maman et sœur, je suis toujours en ligne dans et sous l'eau. Quel temps affreux nous avons. Vous pouvez croire que je me fais des cheveux, c'est plutôt tendu comme retour de perm et ce matin nous avons encore eu séance, mais bien servi ; on n'a pas eu de mal c'est l'essentiel enfin ! Quel coin ! Je pense que vous allez toujours bien. Mes os n'ont pas la pause mais ne m'envoyez rien car les colis n'arrivent pas.

Bons baisers pour toute la famille

24 octobre 1917 carte

Chères maman et sœur, je viens de recevoir votre lettre du 19 et vous en remercie. Je suis toujours en ligne et en bonne santé pour le moment. Je suis content de savoir que tout va pour le mieux vers vous. Pas grand nouveau à vous annoncer, mais je voudrais bien être parti de ce coin, mais je crois que nous sommes ici pour un moment. Enfin ne vous inquiétez pas du moment que je vais toujours bien.

Bons baisers pour toute la famille en attendant de vos nouvelles.

27 octobre 1917

168

Chères maman et sœur, j'ai reçu hier une lettre de Simone et je pense bien avoir de vos nouvelles aujourd'hui. Voici 2 jours que je ne vous ai pas écrit mais ne vous faites pas de mauvais sang pour moi et croyez bien que je ne vous oublie pas, bien au contraire dans des coins pareils (344)

Enfin, je vais bien malgré la fatigue pour le moment.

Nous sommes descendus des lignes cette nuit et sommes en réserve pour 2 ou 3 jours. Ensuite nous remonterons encore une dizaine de jours en ligne avant de descendre au repos. J'avais l'intention de vous écrire une longue lettre mais je ne sais plus que vous dire.

Soignez-vous toujours bien et ne vous inquiétez pas pour moi, bons baisers pour tous

NDLR : *c'est le 20/08/17que l'armée de Verdun sous les ordres du Général Guillaumat attaque à gauche et à droite de la Meuse sur un front de 18 km ; la cote 344 est reprise puis le Mort-homme, le bois des corbeaux, d'Avocourt ; l'armée française est revenue à ses ancienne lignes de 1916 ; toutes les tentatives Allemandes pour reprendre ces positions seront vouées à l'échec.*

28 octobre 1917 carte

Chères maman et sœur, je suis toujours en réserve et en bonne santé pour le moment. Rien de nouveau. On commence à se retaper un peu la tête. Je pense monter en ligne demain soir mais ne vous en faites pas pour moi et soignez-vous bien.

Mille bons baisers pour tous.

PS : êtes-vous contents de la bonne ?

29 octobre 1917

Chères maman et sœur, je suis toujours en bonne santé et monte PP 344 ce soir. Ne vous inquiétez pas pour moi je vais

toujours très bien. Soignez-vous, ne vous inquiétez pas écrivez moi quelquefois. Je n'ai reçu qu'une lettre de Simone et de la maman depuis la rentrée de permission.
Bons baisers pour toute la famille.

2 novembre 1917 carte
Chères maman et sœur, je suis toujours en bonne santé et descend des lignes demain sans regret. Je commence à être fatigué mais j'espère que 2 ou 3 jours de repos me remettront vite. Soignez-vous bien et soyez sans inquiétude.
Bons baisers pour toute la famille.

8 novembre 1917 carte
Chère maman, je vais toujours très bien et suis en bonne santé sans changement aucun pour le moment. Toujours à V où je m'occupe de me chauffer auprès du feu en attendant de remonter en ligne et au détriment des ex malheureux habitants. Soignez-vous toujours bien et ne vous inquiétez pas pour moi je vais tacher de passer encore à travers cette fois-ci.
Bons baisers

9 novembre 1917 carte
Chère maman pas de changement. Merci de vos nouvelles. Toujours rien de nouveau pour moi bons baisers pour tous

10 novembre 1917 carte
Chères tante et sœur, je suis toujours en bonne santé et vous remercie de votre lettre. Je pense me donner cela d'un jour à l'autre ; je vais tâcher de me ramener avec mes os encore une fois.
La maman a dû vous dire que Buchy et Brisson étaient morts, aussi elle se fait un mauvais sang terrible. Je l'ai tranquillisé et lui dis que nous sommes au repos. Enfin, à quand la fin ? ?

Quel soupir ? ? ? Que vous devez regretter d'être parties un jour trop tôt.

Soignez-vous bien et recevez toutes 2 mes meilleurs baisers

10 novembre 1917 carte

Chère maman, je reçois à l'instant votre lettre qui m'a surpris tout à fait. Je vais tâcher d'avoir des renseignements mais ne crois pas que ce soit vrai car nous n'avons guère qu'une quarantaine de tués à peine et je serais tout à fait étonné qu'il se trouve dedans. (*je ne sais de qui il parle*) Enfin je me chauffe toujours et vais bien. J'attends mon verre de montre et le boîtier. Toujours rien de nouveau. Ne vous inquiétez pas pour moi.

Soignez-vous bien et bons baisers.

NDLR : il est absolument terrifiant de voir comment la mort est devenue banale pour ces soldats

11 novembre 1917 carte

Chère maman, toujours en bonne santé à côté de ma cheminée, aussi ne vous inquiétez pas pour moi. Je crois que les nouvelles de Brisson et Buchy se confirment et tous 2 ont dû être morts des suites de blessures, l'un à l'ambulance et l'autre au poste de secours. J'en suis resté là malheureusement, enfin c'est au petit bonheur.

Je ne me fais pas de mauvais sang pour le moment.

Soignez-vous bien et recevez mes meilleurs baisers.

12 novembre 1917

Chère maman, merci de ta lettre qui m'a fait grand plaisir. Je suis heureux de vous savoir comme moi tous en bonne santé. Toujours pas de nouveau pour moi, nous sommes au repos dans la ville pour le moment et pas trop à plaindre par conséquent.

J'ai reçu le boîtier mais il est trop petit, aussi je l'ai mis dans ma poche, et ma montre dans une boîte à cirage, c'est tout ce qu'il y a de riche. C'est dommage qu'elle n'est pas transparente sans cela on aurait juré que c'est fait exprès. J'ai reçu une lettre de Louis. Il me dit qu'il est toujours très heureux dans un coin très tranquille en Alsace pour le moment. Il me dit également d'écrire à sa mère mais comme il ne me donne pas d'adresse exacte, j'attendrai d'être mieux renseigné et plus tranquille. Je vois que vous avez de la misère avec la maison, pourvu que je vous y trouve installées au mois de février.

Soignez-vous toujours bien et recevez mes meilleurs baisers en attendant de vos nouvelles.

14 novembre 1917

Chère maman, je suis toujours en bonne santé pour le moment et continu à me chauffer. Je suis toujours avec mon bataillon où nous ne prenons même pas la garde de nuit car l'adjudant est très chic avec nous. Aussi, on ne s'en fait pas du tout. J'ai vu Erny hier, il venait d'être piqué et était couché mais pas très malade. Il doit du reste être remis complètement pour le moment.

Guyonnet est tout ce qu'il y a de plus tranquille. Il fait la popote des sous-off, aussi il se tape la tête à bon compte. Il doit aller en permission exceptionnelle le 21 pour se marier. Vous avez dû apprendre son mariage sur les bans avec une fille du côté de Cormatin. Il passera du reste vous voir. Ne vous inquiétez pas pour moi et soignez-vous toujours bien.

Je termine en vous embrassant tous trois bien fort.

16 novembre 1917 carte

Chères tante et sœur, je suis toujours en bonne santé et prend le chemin des lignes ce soir. Merci de la lettre de la Guite et de la photo qui est très bien. Ne vous inquiétez pas et recevez toutes deux mes meilleurs baisers.

16 novembre 1917 carte
Chère maman je suis toujours en bonne santé et monte en ligne. Ne vous inquiétez pas pour moi et recevez mes meilleurs baisers pour toutes deux.

18 novembre 1917 carte
Chère maman, je suis toujours en bonne santé pour le moment et en ligne. Mon poste est assez bien du moment que je puis m'y allonger.
Ne vous inquiétez pas pour moi et recevez tous trois mes meilleurs baisers.

19 novembre 1917
Chère maman, merci de votre lettre, je suis étonné que vous soyez sans nouvelles de Lurcy. Je ne doute du vieux, enfin je vous écrirai plus longuement demain si je peux. Je suis en ligne pas très très mal. Soignez-vous bien et recevez toutes trois mes meilleurs baisers

20 novembre 1917
Chère maman, je descends à l'instant des lignes d'où je viens de tirer 3 jours. Je me trouve actuellement en réserve à 3 km des lignes où Erny m'a remplacé. Je crois que nous serons bientôt relevés et je n'en serais nullement fâché car dans des coins comme cela, on n'est jamais tranquille. J'ai un de mes camarades qui vient d'avoir les yeux brûlés par les gaz au moment où il s'y attendait le moins. Je me demande bien ce que Simone veut faire des 3000 Fr. mais je parierais que c'est pour son père.
Il me semble que vous avez assez de soucis de nous savoir ici, mais il faut toujours qu'il vienne s'en rajouter d'autres. En tout

cas il ne faut pas vous en faire pour le magasin, il y en a bien assez autrement. J'ai reçu la lettre ou tu me parles de Gardenat, mais maintenant rien n'étonne plus ; où allons-nous ? ?
Enfin, je crois que nous verrons peut-être la fin plutôt que l'on ne pense.
En tout cas soignez-vous bien et fatiguez-vous le moins possible.
Je termine en vous embrassant tous trois bien fort

22 novembre 1917
Chère maman, tu dois te faire du mauvais sang tous ces jours, mais je t'assure que ce n'est pas ma faute. Nous avons 13 lignes à nous occuper à 4, dont la plus courte a 1200 m, aussi c'est un boulot monstre et j'étais bien plus tranquille avec ma ficelle en ligne ces 3 derniers jours. Enfin on ne choisit pas, mais j'en ai plein le dos d'un boulot pareil surtout pour le gré que l'on nous en sait. En tout cas ne te fais pas de mauvais sang. Tout ces jours, je ne serai pas de la fête, il y a le régiment de Joseph Merle qui est en ligne depuis hier. Je compte descendre au repos incessamment. Je pense que Simone vous donne tout de même des détails maintenant, en tout cas ils ne m'écrivent pas trop souvent. Je n'ai rien reçu d'eux depuis la photo de la Guite (qui est très bien) ; c'est frappant la ressemblance qu'elle a avec toi. Soignez-vous toujours bien tous trois et recevez mes meilleurs baisers

24 novembre 1917 carte
Chères maman et sœur, je suis toujours en bonne santé et vais très bien. Me voilà à peu près installé, aussi vous pouvez croire que je suis bien pour le moment. Je suis dans un petit pavillon du château de Charmes-en-Langle où nous sommes installés dans une petite pièce, chez nous, et tranquilles comme tout. Nous passons notre temps à nous promener et à faire la chasse aux écrevisses. J'espère pouvoir en manger ce soir. Nous

trouvons également du cresson aussi nous avons salade à chaque repas. De plus, les habitants sont on ne peut plus gentils, aussi ils nous donnent des pommes car c'est un peu le pays et ils ne savent qu'en faire tellement il y en a. J'ai passé la soirée d'hier avec Henry. Il est dans un pays à 1500 m de moi.
Bons baisers pour toute la famille

24 novembre 1917
Chère maman, en réserve dans la ville pour le moment, je vais laisser passer l'orage et je pense bien ne pas y prendre part si tout va bien. J'ai vu ce matin un Tournusien du 3ème zouave qui a 2 frères tués, mais je ne me rappelle plus de son nom. Le régiment à Joseph Merle est également là mais je ne l'ai pas vu. Pas grands nouveaux à part cela. J'ai reçu une lettre de Simone mais elle ne parle de rien, quant au coût des bascules je m'en rappellerai, seulement je ne comprends pas ce que la Guite fait là-bas, si elle l'aide seulement sans songer à nous. Je crois qu'elles seront vers vous en même temps que ma lettre. En tout cas je ne suis pas étonné de la comédie.
Bons baisers pour tous et soignez-vous bien.
PS : pouvez-vous m'envoyer des fromages de chèvre ?

25 novembre 1917
Chère maman, je suis toujours en réserve et en bonne santé pour le moment. Je crois que tout s'est très bien passé aussi nous ne sommes pas encore montés en ligne mais nous ne perdons rien pour attendre. Enfin je me demande quand nous quitterons ce fameux coin.
J'ai reçu aujourd'hui une lettre de la Guite, pour la première fois elle me parle du père Joyon.
Je pense que le pépé vient tout de même à bout de sa maison.

Enfin soignez-vous toujours bien et recevez mes meilleurs baisers

26 novembre 1917 carte
Chère maman, je suis toujours en bonne santé pour le moment et monte en ligne demain. J'espère bien que tout se passera bien et que nous n'y ferons pas un trop long stage. Plus grand nouveau à vous annoncer, bons baisers pour tous.

28 novembre 1917
Chère maman, je suis actuellement en réserve à 2 km des lignes assez tranquille pour le moment. Je pense bien que Guite est rentrée de là-bas. Je ne me fais pas de mauvais sang pour le moment et je pense bien ne plus moisir ici. En tout cas soignez-vous toujours bien et ne vous faites pas de mauvais sang. Je monte en ligne à l'instant, je pensais rester ici plus longuement mais ne vous inquiétez pas pour moi.
Bons baisers pour tous

29 novembre 1917
Chère maman, je suis toujours en bonne santé pour le moment malgré la boue et l'eau. Enfin je ne suis pas ici pour longtemps. Guite est-elle rentrée ?
Bons baisers pour tous.

3 décembre 1917
Chère maman, je viens de recevoir 3 lettres des 24,26 et 29, il y avait 8 jours que j'étais sans nouvelles. Je suis sûr que vous êtes inquiètes à mon sujet, mais je vais toujours bien et suis au repos, seulement comme nous avons été relevés les derniers de la division, nous avons été 3 jours sans pouvoir faire partir de lettres. Voici 4 jours que je suis descendu car j'avais été chargé

176

avec un de mes copains de reconnaître s'il n'existait pas d'appareil TSF dans un abri boche en avant de nos petits postes. J'y ai été et comme j'ai trouvé un amplificateur boche, je suis descendu à V avec et n'ai pas eu besoin de remonter. Nous sommes tout de même au repos dans un gros village à 4 km de Bar-le-Duc. Nous y sommes assez bien. Enfin je vais tout de même passer quelques jours tranquilles mais ce n'est pas trop tôt. Je pense que Erny ira en permission et Guyonnet ne tardera sûrement pas. Je suis heureux de vous savoir enfin tous à Tournus. Je m'empresse de vous répondre de laisser tout le sulfate tranquille, il est tout en 100 kg, c'est trop de peine pour rien ou peu de chose et avant tout, soignez-vous bien. La prochaine permission, je veux me taper la tête comme il faut pour me rattraper (dans 2 mois ? ?) Je suis au bataillon, nourri à la compagnie de mitrailleuses, aussi je me tape la tête comme il faut je vais tacher du reste de me soigner. Je vois que la maman se fait toujours du mauvais sang pour moi mais vous pouvez être tranquilles que je demanderai dès qu'il me manquera quelque chose.

Bons baisers pour toute la famille.

PS : Guyonnet m'a remis argent et colis. Je vous ai déjà dit que mon boîtier allait bien

5 décembre 1917 carte

Chère maman, je suis toujours en bonne santé et te remercie de vos bonnes nouvelles. Guyonnet et Erny doivent être partis en perm aujourd'hui. Bons baisers pour tous.

6 décembre 1917

Chère maman, je suis toujours en bonne santé et au repos pour le moment. J'allais encore passer la journée sans vous écrire. Je ne fais pas œuvre de mes 10 doigts et n'ai aucun courage. Je suis tout à fait désœuvré ; je crois que je n'ai jamais eu un cafard pareil. Quelle vie !

Enfin, j'espère que nous serons à peu près frottés l'année prochaine si les boches ne ramènent qu'une soixantaine de divisions sur notre front.

NDLR : *après la révolution bolchévique d'octobre 1917, un armistice est signé entre les troupes russes et allemandes, ce qui permet le transfert d'environ 60 divisions allemandes de l'est vers le front Ouest ; la paix entre l'Allemagne et la Russie ne sera signée qu'en mars 1918 à Brest Litovsk.*

J'ai reçu une carte de Jules qui me dit qu'il est assez bien là-bas mais il doit être sûrement en ligne maintenant. Ici il fait un froid de chien, heureusement que nous pouvons nous chauffer. Soignez-vous bien et restez surtout tranquilles pour le sulfate. Que les fleurs aillent le chercher au diable et vous foutent la paix.
Bons baisers pour toute la famille

7 décembre 1917 carte
Chère maman, je suis toujours en bonne santé et vous remercie de vos bonnes nouvelles. Rien de particulier pour moi. Nous sommes toujours au repos pour le moment. Je pense que vous vous reposez toujours bien pour le moment toutes ensembles. J'ai été étonné du chiffre, mais pourvu que la mère Bouillet aille pas les embêter pour le…(*illisible*)
Bons baisers pour tous

9 décembre 1917
Chères maman et sœur, je suis toujours en bonne santé pour le moment et ne m'ennuie nullement pour le moment. Il n'est toujours pas question de quitter le pays mais nous ne nous ennuyons nullement ici. Je n'ai pas reçu de vos nouvelles

178

depuis 2 jours, mais je pense que vous allez tous bien. Je n'ai besoin de rien pour le moment. L'argent ne me manque pas. J'ai envoyé une carte à Simone pour la mettre en boîte, vous me direz quelle tête elle a fait, mais je pense qu'elle me répondra. Je n'ai pas de nouvelles de Jules mais pense qu'il va toujours très bien. J'écris aujourd'hui à la tante Maria, il y a 15 jours que je l'ai promis à Louis.

Soignez-vous toujours bien et ne vous inquiétez pas pour moi, je passe du bon temps pour le moment, mais ai bien peur pour que cela ne dure pas. Rien de nouveau

Bons baisers pour toute la famille

10 décembre 1917

Chères maman et sœur, je viens de recevoir votre lettre et suis heureux de vous savoir en bonne santé pour le moment. Je vous laisse le soin de m'envoyer ce que vous voudrez, mais je n'ai besoin de rien, j'ai encore mon saucisson entier, car nous ne sommes pas mal nourris tous ces temps puisque je mange avec la 2ème compagnie de mitrailleuse qui est bien mieux que la H.R et je me refais la cerise en peu. Rien de nouveaux ici. J'ai écrit hier à Dijon 4, rue......(*illisible*) mais je ne sais pas si je ne me suis pas trompé ; enfin il n'y a toujours pas grand mal.

Je me dépêche car tous les soirs nous nous payons les châtaignes et voilà les copains qui rentrent, aussi je veux me mettre en devoir de les faire fricasser sur la braise dans la cheminée. Vous voyez qu'il ne me manque rien.

Je termine en vous embrassant tous bien fort

11 décembre 1917

Chères maman et sœur, je suis toujours en bonne santé et vous remercie de vos bonnes nouvelles. Toujours rien de nouveau à vous dire. Nous sommes toujours au repos pour le moment, aussi je ne me fais toujours pas de mauvais sang. Aujourd'hui nous avons eu concert comme tous les jours et comme il y avait les trompettes, notre colon était heureux comme un roi. Il se croyait encore au milieu de ses hussards. Nous ne parlons toujours pas de départ pour le moment. C'est vrai qu'il ne faut pas longtemps, mais les boches viennent nous rendre visite en avion de temps en temps mais ne sont pas méchants, c'est l'essentiel.

Embrassez bien toute la famille pour moi et recevez mes meilleurs baisers.

13 décembre 1917

Chères maman et sœur, je suis toujours en bonne santé quoique privé de vos nouvelles depuis 3 jours. Je pense bien en recevoir demain. Je suis toujours où m'a laissé Guyonnet, seulement je reprends le typhus car nous avons 99 chances sur 100 pour revoir cette belle ville inviolée (*Verdun*). C'est pas de chance tout de même, enfin cette fois j'irai en perm dans 2 mois, ce qui me console. Je voudrais tout de même être loin de cette deuxième armée, il me semble que si chacun y avait passé autant de temps que moi, cela pourrait faire ma part. Nous ne savons encore pas exactement quand nous reprendrons les lignes.

J'ai fait la connaissance du fils Meiller de Charlieu, il est sergent à la 2ème CM. Nous étions ensemble sans le savoir. Il ne peut presque plus causer par les gaz. Depuis que nous sommes descendus, j'ai pas mal de copains qui ont eu des plaies et indispositions par les gaz qui commencent seulement à se révéler actuellement. À quand la fin ? Grâce à Caillaux, Malvy (*alors ministre de l'intérieur*), Imbert et compagnie, nous avons toujours des trucs comme cela à recevoir sur la figure.

Bons baisers pour tous

NDLR : Joseph Caillaux, connu pour ses opinions pacifistes, fut arrêté en 1918 pour correspondance et intelligence avec

180

l'ennemi; il souhaitait ouvertement des pourparlers avec l'Allemagne pour mettre fin à la guerre; lors de son procès en 1920, il est condamné à 3 ans de prison; il sera réhabilité en 1925, ce qui lui permettra de participer de nouveau à des gouvernements.

14 décembre 1917
Chère maman, je suis toujours au repos et en bonne santé pour le moment. Je me demande comme il se fait que je n'ai pas reçu de vos nouvelles depuis 5 jours. Enfin je pense bien en avoir demain. La vie est toujours la même ici. Je vois toujours Meiller tous les jours mais il est toujours pris par le gosier et a toujours des difficultés pour causer, mais ses mains sont à peu près guéries. Vous ne m'avez pas reparlé du sulfate, mais je pense bien que vous êtes restées tranquilles.
Continuez à vous soigner et recevez mes meilleurs baisers

16 décembre 1917
Chères maman et sœur, je reçois 2 de vos lettres à l'instant c'est ce qui fait que j'ai été 5 jours sans rien recevoir. Nous sommes toujours au repos pour le moment mais le moral est sérieusement atteint ces jours-ci. Le temps me dure et je me demande ce que nous allons prendre quand les boches le voudront cette fois-ci.
J'ai vu Bury. Il arrivait en renfort ce matin. Il n'en est pas plus avancé que nous maintenant, mais il manque toujours Buchillet et Brusson.
Je n'ai pas confiance dans leurs 3 emprunts, je préfère les bons renouvelables. Enfin faites pour le mieux. Je pense voir Erny sur la fin de la semaine. Rien de nouveau pour le moment.
Bons baisers pour tous et recevez mes meilleurs baisers.

17 décembre 1917

181

Chères maman et sœur, je suis toujours en bonne santé pour le moment et vous remercie de vos lettres d'hier. Aujourd'hui je continue à me chauffer si nous avons encore quelque temps à être tranquilles. Nous avons quelques cas de diphtérie ces jours, mais je pense bien que ce ne sera rien et qu'il n'y aura pas grand suite. Ce soir j'attends la visite de Meiller qui doit venir manger des châtaignes, aussi je vais commencer à les faire cuire. Je pense que vous êtes toujours en bonne santé.

En tout cas continuez de vous soigner, et recevez pour tous mes meilleurs baisers.

19 décembre 1917

Chères maman et sœur, mauvaise nouvelle aujourd'hui, vous devez comprendre. Je me demande où nous dirigeons nos sabots, mais nous serons en ligne quand vous recevrez ma lettre. Enfin il faut espérer que tout se passera bien. Je ne me fais pas trop de bile pour tout cela mais n'ai pas reçu de vos nouvelles encore aujourd'hui.

Soignez-vous toujours bien et recevez mes meilleurs baisers en attendant de vos nouvelles

20 décembre 1917

Chères maman et sœur, je suis toujours en bonne santé pour le moment et me demande comment se fait-il que je sois encore sans nouvelles depuis 5 jours. Enfin, je pense que vous allez toujours bien mais je trouve le temps long tout de même. Nous quitterons probablement le pays demain, pour aller au pays de Victor Guignard, où se trouve Jules en ce moment mais je ne crois pas. Enfin nous ne savons pas grand-chose à part que nous aurons un assez long trajet à faire en chemin de fer.

En tout cas, nous quittons le coin où nous sommes et c'est déjà beau. Nous ne devons pas monter en ligne encore tout de suite je pense.

Soignez-vous toujours bien ne vous inquiétez pas. J'ai vu Guyonnet et je pense qu'Erny rentrera cette nuit.

Bons baisers pour toute la famille

Noël 1917 (Vosges)
Chère maman, je suis toujours en bonne santé et au repos pour 2 ou 3 jours, mais pas sans peine, j'ai cru que je n'arriverais jamais, enfin nous sommes tombés dans un pays que les boches ont incendié en 1914, aussi les habitants sont très chics car ils connaissent les boches. Je mange chez eux aussi c'est pas rien car il ne fait pas le temps à manger sur la neige.

Malheureusement nous n'y moisirons pas mais je crois que nous monterons en ligne dans un coin tranquille, je crois que nous ne l'avons pas volé.

Bons baisers pour toute la famille.

26 décembre 1917
Chères maman et sœur, je suis toujours en bonne santé et dans un petit patelin. Nous prendrons les lignes dans 2 jours probablement mais je crois que le coin est bon, aussi c'est déjà quelque chose. Enfin, je pense bien que vous êtes en bonne santé. Soignez-vous toujours bien et recevez mes meilleurs baisers.

27 décembre 1917
Chères maman et sœur, je suis toujours en bonne santé et me rapproche des lignes. Demain j'y serai mais ne vous faites pas de mauvais sang pour moi. Cette nuit, j'ai trouvé un lit chez 2 demoiselles, aussi je vais être heureux de pouvoir coucher dans des draps, car il ne fait pas chaud et nous avons marché toute la soirée dans 30 cm de neige. Enfin, demain nous serons

tranquilles et aurons fini de trotter continuellement. Vous pouvez croire que j'en ai gros sur le cœur car le sous-off et le cabot ont fait tout ce qu'ils ont pu pour m'empêcher de coucher avec mon copain dans le lit. Malheureusement ils n'ont pu y arriver, mais je leur garde quelque chose pour l'avenir.
Je termine en vous embrassant tous bien fort

29 décembre 1917 cartes
Chère maman, je suis à peu près installé, ne te fais pas de mauvais sang pour moi. Bons baisers pour toute la famille.

31 décembre 1917
Chers grands-parents, veuillez m'excuser de ne vous avoir adressé mes vœux de bonne année plus tôt, mais je ne sais où j'avais la tête ces jours derniers avec tous ces voyages. Enfin je suis à peu près installé dans un petit pays où il y a des civils, à 3 km des boches. Aussi vous voyez que je ne suis pas trop mal. J'y serai encore 4 jours avant de reprendre les lignes pour une quinzaine. J'ai reçu la lettre de la mémé qui m'a fait grand plaisir mais comme je voudrais savoir le pépé avec moins de misère. Enfin nous verrons peut-être la fin de la guerre cette année. La maman a dû vous dire que j'ai reçu un colis de la tante Maria. Vous pensez si j'en ai été épaté.
Je termine en vous embrassant bien fort en vous envoyant mes meilleurs voeux.

31 décembre 1917
Chère maman et sœur, que fais-je, je me le demande. Que devez-vous penser de moi, enfin il faut pourtant que je vous écrive plus souvent. Quand je pense que je ne vous ai pas encore envoyé mes vœux de bonne année, je n'en reviens pas. Aussi quoiqu'ils arrivent tardifs, ils n'en sont pas moins sincères et ce que je demande surtout c'est une bonne santé

pour tous car le pauvre papa en aurait trop eu besoin cette année.

Figurez-vous que je viens de recevoir un colis de la tante Maria et bien garni vous pouvez le croire : saucisson, une fiole, Pernod, bonbons, cigarettes et une petite boîte de......(*illisible*) le tout dans un colis postal de 1 kg, aussi vous en serez peut-être aussi étonnés que moi, mais il ne vous reste plus qu'à en envoyer un à Louis : 122ème régiment d'infanterie 3ème compagnie, secteur 139.

Je suis dans un petit patelin à 3 km des boches où il y a encore 80 civils. Vous voyez que je ne suis pas mal pour le moment, très calme tout à fait mais nous avons eu -22 hier, c'est quelque chose ; enfin on peut encore se chauffer.

Bons baisers pour toutes deux et mes meilleurs vœux

1918

Le 167ème RI combat de Janvier à Mars en Champagne : butte du Mesnil, la Truie, Beauséjour, La Galoche puis dans l'oise de Mars à Mai : Gournay, Orvillers, Sorel, Bois de l'Epinette, puis en Picardie d'Aout à Septembre : Maison Rouge, bois de la Montagne, Bellefontaine, Quierzy, Manicamp, Rouy, puis participe à la bataille de Saint Quentin

2 janvier 1918

Chère maman, je t'envoie aujourd'hui ma première lettre de 1918. Serai-je encore obligé de t'écrire encore toute l'année ? Enfin il faut espérer que non. (*Georges sera tué en aôut 18...*) Rien de nouveau vers moi, je suis toujours aussi tranquille dans mon petit pays et ne demande qu'à y rester le plus longtemps possible. Je pense bientôt être des vôtres pour 10 jours. Je suis un des premiers du 2ème tour aussi je ne crois pas qu'il ne tarde de commencer.

Soignez-vous toujours bien et recevez mes meilleurs baisers.

4 janvier 1918

Chères maman et sœur, je suis toujours en bonne santé. Rien de nouveau pour moi mais nous avons près de 80 cm de neige. Les tranchées et fossés sont comblés, aussi si nous étions débarrassés de la neige nous serions tranquilles. On ne parle pas encore des permissions mais je ne crois pas que cela tarde beaucoup. Je me dépêche car je commence à nager, aussi c'est le moment de pomper. Ne vous inquiétez pas et recevez mes meilleurs baisers.

6 janvier 1918

Chère maman, je suis toujours en bonne santé et n'ai pas eu le temps de vous écrire hier car comme c'est la fonte des neiges nous avons pas mal de travail. Ne vous en faites pas car je suis toujours dans mon petit patelin et il faut des jours comme aujourd'hui pour être embêté. Enfin je ne m'en fais pas trop.

Soignez-vous toujours bien et recevez mes meilleurs baisers.

NDLR : *pas de lettres entre le 6 janvier le 24 janvier alors qu'il ne semble pas être en permission d'après les termes de la lettre du 24 Janvier ; sans doute des lettres ont-elles été égarées (ou censurées ?).*

24 janvier 1918

Chères maman et sœur, merci de vos bonnes nouvelles qui m'ont fait grand plaisir. Je suis toujours en excellente santé pour le moment et avons un temps magnifique. On se croirait en mai tellement il fait beau. Je crois qu'il est tout de même question des permissions pour le moment mais ce n'est pas trop tôt. Le temps me dure quoi que je n'ai jamais été aussi bien qu'où je suis et je risque fort de ne pas trouver le poste que je quitte en rentrant, mais cela ne fait rien, je serais content de vous voir. Soignez-vous toujours bien et recevez mes meilleurs baisers en attendant de vous voir

26 janvier 1918

Chères maman et sœur, merci de vos bonnes nouvelles. Je suis content de vous savoir toutes deux en bonne santé et que vous n'êtes au moins pas rationnées pour le pain. Je ne vous parle plus de ma permission, 15 ou fin février. Je devrais partir mais je dois rester car il y aurait trop de téléphonistes dehors et l'on doit assurer le service avant tout, aussi je fume vous pouvez le croire. Enfin ne vous inquiétez toujours pas pour moi. Je pourrai voir Jules de cette façon-ci sûrement.

Soignez-vous toujours bien et recevez mes meilleurs baisers.

27 janvier 1918 carte

Chère maman, je suis toujours en bonne santé pour le moment, ne vous inquiétez pas ; bons baisers pour toutes deux.

3 février 1918

187

Chère maman, vous devez tous me croire foutu, mais je viens de traverser une crise peu ordinaire. Je n'avais encore jamais souffert autant avec mes dents. Je suis resté 6 jours sans boulotter aussi je suis heureux de pouvoir manger mon comptant maintenant. J'ai toujours un peu d'enflure mais j'avais une tête comme 4, je n'y voyais même plus clair de l'œil droit, mais je vais bien maintenant. Il faudra que je me débrouille pour avoir des papiers pour me faire évacuer en rentrant pour cela, car si on ne les menace pas on peut crever, ils s'en foutent puisqu'ils se sont décidés à me regarder que le 5ème jour.

Vous pouvez croire que je faisais des bonds dans l'abri avec une tête comme cela et rien pour me soigner. Le copain qui est avec moi était fou aussi, il avait un noir terrible car naturellement je ne desserrai pas les dents. Enfin ne vous en faites pas. Tout va bien qui finit bien. Voilà 4 jours que je suis sans vos nouvelles. Mais je pense que vous allez toujours bien. Je pense enfin aller en permission dans une dizaine de jours. Je m'y trouverai avec Jules.

Soignez-vous puisque vous pouvez et ne vous privez de rien.

Bons baisers pour tous et à bientôt

4 février 1918

Chères maman et sœur, je suis toujours en bonne santé pour le moment. Ma joue est à peu près normale et je ne souffre plus, ce qui est l'essentiel. Cette nuit, j'ai cavalé tout le temps, j'ai eu droit à 1 heure de sommeil. Heureusement que ce n'est pas tous les jours. Je crois que nous allons avoir de l'eau, aussi je m'en épouvante de pomper. Enfin vivement la perm, mais elle ne vient pas trop vite, elle se fait même plutôt désirer ; enfin, soignez-vous tous bien et recevez mes meilleurs baisers en attendant le plaisir de vous voir.

5 février 1918

Chères maman et sœur, je viens de recevoir une série de lettres ce qui fait que j'étais sans nouvelles depuis quelques jours. J'attends toujours la perm sous une huitaine. Je n'ai pas mal aux dents pour le moment. Pas grand nouveau. Je suis toujours dans ma cagna et comme le temps est beau, on n'a pas besoin de pomper c'est déjà pas rien.

Soignez-vous toujours bien et recevez mes meilleurs baisers.

7 février 1918

Chère maman, je suis toujours en bonne santé pour le moment et vous remercie de vos bonnes nouvelles. J'attends toujours ma permission avec impatience, enfin, elle viendra peut-être tout de même un jour. Je vois que vous avez envie de me rendre beau garçon mais il y a pas mal à faire. Enfin, encore une corvée d'essayage en arrivant. C'est épatant ici, cela colle tout le temps.

Soignez-vous toujours bien et recevez mes meilleurs baisers.

9 février 1918

Chère maman, je suis toujours en bonne santé pour le moment. Rien de nouveau. Je vais toujours bien et suis dans le même coin. Les permissionnaires vont commencer à rentrer demain, aussi je ne crois pas que les prochains départs tardent beaucoup. J'arriverai très probablement à 3h30 de l'après-midi, aussi vous ne serez pas dérangés comme cela. Aujourd'hui nous avons la pluie mais je n'aurais pas encore trop souffert cet hiver. Enfin soignez-vous bien et recevez mes meilleurs baisers en attendant le plaisir de vous voir

NDLR : *enfin la permission arrive du 10 février au 27 février semble-t-il.*

28 février 1918 : 4 heures du matin

Chère maman et sœur, de ma cagna, 8 m de terre sur la tête, je vais toujours bien quoiqu'étant en ligne. J'ai fait très bon voyage avec le fils aîné de Borassa que j'ai quitté à Blainville. Nous nous sommes copieusement restaurés à Seveux où nous avons mangé les frites traditionnelles, et quand nous eûmes finis de manger nous sommes allés au ciné en attendant notre train. Le tout gratis bien entendu. Je voudrais retourner en permission rien que pour passer à Seveux.

Nous sommes arrivés au patelin à 7 heures où on trouva une prolonge de camion auto qui nous attendait. Elle nous déposa à 5 km de notre patelin où nous prîmes immédiatement la correspondance en train et, une heure après, je récupérais mes affaires, boulottais, et repartais pour les lignes avec le ravitaillement. Enfin, après avoir passé à la Copé, je faisais mon entrée solennelle, 31 marches à descendre où je trouve tous les anciens copains à 16 h. Aussi je ne m'en fais pas. Je me suis trouvé rentrer avec le sous off d'Erny. Comme je sais qu'il est très bien avec lui, je lui ai tout remis, argent et montres et ai laissé le colis au bureau de sa compagnie. Je n'ai pas pris de sous et n'en suis nullement étonné tellement je suis sans cervelle. J'en ai encore un peu mais je vous demanderai 50 Fr. quand nous serons au repos par mandat carte. Je vous joins 1,52 Fr. de Tournus pour vous faire tenir jusqu'à ma prochaine perm !! ! ! !

J'ai à peine reconnue le coin. Les lignes sont toujours de même mais où il y avait un homme dans les petits patelins il y en a 10 et de tout : américains, noirs, italiens, malgaches, chasseurs, etc.

Ne vous inquiétez pas et recevez mes meilleurs baisers.

Bonjour à toute la famille.

1er mars 1918

Chères maman et sœur, je vais toujours très bien pour le moment. C'est la vie de taupe qui recommence une fois de plus. Erny doit être au repos à Baccarat. Il n'y a que mon bataillon en ligne aussi je ne sais combien nous y resterons de temps encore. Je ne m'en fais pas du tout, seulement j'ai ramené le mauvais temps avec moi. Depuis que je suis rentré, il ne fait que neiger et pleuvoir. Nous avons une boue à n'en pas pouvoir sortir. Je vous ai annoncé 1,50 Fr. hier mais j'ai oublié de vous les envoyer aussi je les mets aujourd'hui. Je me dépêche car l'heure du jus approche, aussi il ne faut pas que je loupe le tacot car je risquerais fort de me faire écharper si je rentrais sans ramener le jus, surtout qu'avec ce temps, ils sont de mauvaise humeur.

Soignez-vous toujours bien et recevez mes meilleurs baisers.

2 mars 1918
Chères maman et sœur, je suis toujours en ligne pour le moment mais ne compte pas y rester très longtemps. Toujours le même sale temps et c'est à désespérer. Je pense que vous allez toujours bien comme moi. Simone doit avoir des nouvelles de Jules. Le coin est toujours aussi tranquille pour le moment. Soignez-vous toujours bien et recevez mes meilleurs baisers.

4 mars 1918
Chères maman et sœur, je vais toujours bien et suis en réserve pour le moment dans un petit patelin à 1 km des lignes. Aujourd'hui nous avons eu un travail fou, mais je pense bien que ce ne sera pas tous les jours la même chose. Nous sommes 3 dans une cave et le boulot ne manque pas. Enfin, c'est la comédie qui recommence. Nous avons été alertés toute la nuit dernière aussi vous pensez si nous nous sommes amusés.

Enfin, ne vous en faites pas trop et recevez mes meilleurs baisers.

6 mars 1918

191

Chères maman et sœur, vous pouvez croire que ce n'est pas ma faute si je ne vous écris plus souvent. J'ai encore une fluxion qui me fait souffrir, j'ai l'œil bouché, j'ai été à la visite ce matin et on m'a fait un laissez-passer pour voir le dentiste. Je vais y aller ce soir et vais tâcher de me faire évacuer. Enfin je suis toujours dans mon poste assez tranquille si ce n'était mes dents.

Soignez-vous bien et recevez mes meilleurs baisers.

PS : ne m'envoyez pas d'argent

7 mars 1918 :

Chères maman et sœur, je vais un peu mieux aujourd'hui. J'ai vu le dentiste hier qui a commencé par me faire sauter une molaire à côté de l'abcès. Il m'a consolé en me disant que dans 3 jours j'y retourne et qu'après m'avoir arraché une quinzaine de dents, il me proposera pour un appareil. Je ne sais pas si j'aurais le courage de me les faire enlever jusqu'au bout. Naturellement on ne parle pas d'endormir ou d'insensibiliser les dents. Enfin je vais y retourner le 9 pour continuer la séance. Je suis toujours en réserve dans mon petit patelin évacué, à 1 km des boches. Nous ne sommes pas mal couchés. Nous avons des châlits avec sommier et matelas, aussi vous voyez si c'est riche. Enfin, ne vous inquiétez pas pour moi et recevez mes meilleurs baisers

8 mars 1918

Chères maman et sœur, je suis toujours en bonne santé pour le moment. Je retourne continuer la séance demain. Rien de nouveau pour le moment. Je n'ai pas vu Erny car il est à Baccarat au repos, mais son bataillon doit remonter en ligne demain ou après-demain. Je pourrais peut-être le voir. Ma névralgie est à peu près terminée.

192

Soignez-vous toujours bien et recevez mes meilleurs baisers.

Lundi des rameaux. Mars 18.
Chères maman et sœur, je vais toujours à peu près bien quoique le coin commence à ne plus être des meilleurs. Nous avons pris quelque chose comme obus asphyxiant ces dernières nuits. On peut bien mettre plus de 10 000 par nuit. Naturellement les boches ont recommencé de sortir encore de leurs trous. Ce matin nous avons encore eu séance. Ils ont été reçus à coups de mitrailleuses, mais on n'a pas pu en poisser. Ils ont laissé deux caisses de Chedid, des chargeurs et 200 pilons *(?)* dans nos fils de fer, ce qui prouve qu'ils devaient encore être nombreux. On a vu des traces de sang mais ils ont emmené les blessés. Nous avons touché des nouveaux masques, genre boche, aussi l'on peut tout de même respirer un peu plus librement que dans les autres. En tout cas, on est heureux d'avoir un masque et on ne le quitte plus de soi. Je suis en réserve dans le patelin où j'étais au mois de janvier mais les gens déménagent en grande vitesse.
Soignez-vous toujours bien et recevez mes meilleurs baisers

12 mars 1918
Chère maman, je suis toujours en bonne santé. J'ai pleuré tout mon content ce matin, éternué, rendu etc. etc.… les Fritz les connaissent toutes, mais je crois que nous allons leur faire payer cher un de ces jours. À part cela rien de nouveau pour le moment.
Je pense que c'est toujours la misère chez vous, aussi je vous envoie 1 franc que j'ai encore retrouvé contre 50 Fr. que vous pouvez m'envoyer par mandat carte.
Je n'ai pas de chance avec mes dents, le dentiste est évacué, aussi je vais attendre que nous soyons au repos 15 jours. Ce sera le tour de notre bataillon et je m'en occuperai. Ma chique est complètement partie pour le moment.

Soignez-vous toujours bien et recevez mes meilleurs baisers

13 mars 1918
Chère maman, je suis toujours en bonne santé pour le moment et vous remercie de vos bonnes nouvelles. Je suis heureux de savoir que vous avez reçu vos points de Closmortier *(près de saint Dizier)* car j'ai lu sur les journaux qu'un incendie avait presque complètement détruit l'usine puisque l'on évaluait les dégâts à plus de 500 000 Fr. Je suis toujours dans mon petit patelin. Les boches n'ont pas renouvelé leur petit jeu. Ils commencent à se rendre compte à leur détriment que les Américains font bonne garde. En tout cas nous n'avons plus que 8 jours de ligne pour 16 de repos à faire au lieu de 10 jours de ligne pour 8 de repos. C'est tout de même bien plus intéressant et je commence à remercier les Américains.
C'est tout ce que je vois à vous dire pour l'instant. Ne vous inquiétez pas pour moi et recevez mes meilleurs baisers

14 mars 1918
Chères maman et sœur, je suis toujours en bonne santé pour le moment est vais assez bien. Je suis toujours dans le même coin en réserve. Je peux monter en ligne dans 4 jours. J'ai encore oublié de vous envoyer le billet qui devait me servir de bon pour 50 semblables, mais de la région. J'espère que cette fois vous êtes toujours contentes de votre bonne. Je me demande ce que je pourrais bien vous dire. Le coin est assez calme pour le moment. Nous sommes alertés assez souvent pour les gaz et le seul jour que nous en avons eu, personne n'avait prévenu. Enfin ne vous inquiétez pas et recevez mes meilleurs baisers

16 mars 1918

Chère maman, je suis toujours en bonne santé malgré un Fritz qui s'était un peu fâché hier. Il s'est simplement contenté de me couper ma veste au-dessus du coude, mais il respecte la peau, c'est l'essentiel.

Rien de nouveaux à part cela. Je monte en ligne dans 2 jours mais ne m'en fais pas du tout.

Soignez-vous toujours bien et recevez mes meilleurs baisers.

18 mars 1918

Chères maman et sœur, je suis toujours dans mon poste et en bonne santé. Je devais monter en ligne et j'ai reçu l'ordre de rester à mon poste. Aussi je ne m'en fais nullement et aime autant cela. Il est vrai que je ne suis qu'à 1 km des boches et que nous n'avons que les marais devant nous. Enfin je ne m'en fais pas. Je pense que la bonne va mieux. Décidément je crois que de ce côté vous n'avez pas de chance. Je vais descendre voir les copains à l'arrière. Ce soir j'ai pas mal de bricoles à m'occuper et ensuite je rejoindrai ma cave d'attache. Mais je ne suis pas trop mal logé. Nous sommes 3 et avons 2 lits à 2 personnes, aussi on n'est pas trop mal, si ce n'était de Fritz qui fait parfois le méchant.

Soignez-vous bien et recevez mes meilleurs baisers

20 mars 1918

Chères maman et sœur, je suis toujours en bonne santé pour le moment et vous remercie de vos nouvelles. Je suis content de savoir que la bonne va tout de même mieux. J'ai changé de poste hier. Je suis en ligne avec le commandant de compagnie mais je ne m'en fais nullement. Je suis avec Chalumeau, le quincaillier dont je vous ai déjà parlé. Aussi on ne s'en fait pas tous 2. Nous avons expédié pas mal de gaz aux boches cette nuit, par nappe. Ils ont dû tousser un peu, mais ce matin, pour se moquer de nous, ils chantent à tue-tête de leurs tranchées. Je crois qu'ils ont tout de même du crime

Soignez-vous bien et vous inquiétez pas pour moi. Bons baisers pour toute la famille

21 mars 1918

Chères maman et sœur, je suis toujours en bonne santé et dans mon poste de compagnie pour le moment. Je ne m'en fais pas du tout pour le moment. J'ai reçu les 50 Fr. hier et je vous en remercie. Me voilà monté pour un moment maintenant. Je pense que la bonne est remise et que vous allez toutes bien pour le moment. Je suis en train de faire chauffer le café et ensuite le

« pousse au crime» « saute parapet » ou « gnole » du gouvernement. Vous voyez que rien ne me manque. Ne vous inquiétez pas et recevez mes meilleurs baisers

28 mars 1918

Chères maman et sœur, je suis toujours en excellente santé pour le moment et vous remercie de vos bonnes nouvelles. Hier les Fritz ont trouvé le moyen de blesser mon chien que j'avais avec moi depuis 4 jours. J'ai été obligé de l'achever. La pauvre bête avait la moitié du cou sectionnée par un éclat de 105.

Aujourd'hui je vous écris avec le masque sur la figure. Il y avait 2 jours que nous n'avions pas eu de gaz dans les environs, aussi c'était un peu à prévoir. Enfin à quand la fin ?

Ne vous inquiétez pas pour moi et recevez mes meilleurs baisers

29 mars 1918

Chères maman et sœur, je suis toujours en bonne santé et vous remercie de vos nouvelles. Je vais toujours bien pour le moment. Pas grand nouveau par ici. Les Fritz sont toujours

aussi agressifs et ils nous servent quelque chose comme obus tous ces jours. Enfin on ne voit toujours pas le bout.
Soignez-vous toujours bien et recevez mes meilleurs baisers

31 mars 1918
Chères maman et sœur, je suis toujours en bonne santé pour le moment et vous remercie de vos bonnes nouvelles. Je monte en ligne ce soir. Naturellement en ligne cela ne se demande pas. Enfin je ne m'en fais pas pour cela. Pas grand nouveau à part cela. Il fait un temps épouvantable depuis 2 jours.
Enfin soignez-vous toujours bien et recevez mes meilleurs baisers

2 avril 1918
Chères maman et sœur, je suis toujours en bonne santé et vous remercie de vos bonnes nouvelles. Je vais toujours bien pour le moment. J'ai établi mon central en ligne. Nous sommes 3, pas mal installés, mais à l'abri d'une fusée éclairante, tant que Fritz ne fera pas trop le zouave, on n'est pas mal.
Ne vous inquiétez pas pour moi et recevez mes meilleurs baisers.

5 avril 1918
Chères maman et sœur, je suis toujours en bonne santé pour le moment. Voilà 4 jours que je suis sans nouvelles, mais je pense que vous êtes toujours en bonne santé comme moi. Je suis toujours en ligne depuis 5 jours mais ne m'en fais pas du tout. Le coin est plus calme ces jours-ci, mais je ne crois pas que nous y moisirons longtemps maintenant. Soignez-vous toujours bien et recevez mes meilleurs baisers

8 avril 1918

197

Chère maman et sœur, enfin j'ai reçu de vos nouvelles. Je vais toujours bien pour le moment. Toujours le même trou, la même vie, la flotte, la boue, les Fritz et tout le tremblement. Ne vous inquiétez pas et recevez mes meilleurs baisers

11 avril 1918 carte
Chères maman et sœur, toujours en excellente santé. Pas de nouveau. Ce coin redevient calme ne vous inquiétez pas. Bons baisers pour toute la maisonnée.

14 avril 1918
Chères maman et sœur je suis toujours aussi tranquille et en parfaite santé pour le moment. Pas de changement. Le coin est toujours aussi calme. Je ne vous ai pas écrit ces derniers jours car je ne pouvais trouver du papier. Mais j'en ai trouvé actuellement.
Ne vous inquiétez pas pour moi et recevez mes meilleurs baisers pour toute la famille.

15 avril 1918
Chères maman et sœur, toujours en excellente santé pour le moment. Je vais toujours très bien et vais descendre au repos demain. Je crois que nous serons tranquilles une quinzaine de jours. Je viens de boire une de ces vieilles bouteilles de Mercurey avec Meiller. Je suis toujours avec le facteur de Prissé. On ne s'entend pas mal tous deux.
Ne vous inquiétez pas pour le moment et recevez mes meilleurs baisers

16 avril 1918
Chères maman et sœur, je suis toujours en bonne santé pour le moment. Pas de changement, nous sommes toujours dans le même coin et à peu près aussi tranquilles. Je vais descendre au repos demain, je crois que nous ne l'aurons pas volé. Fritz n'a

pas de chance tous ces jours. Nous en avons barboté plusieurs et ils sont rien mal fringués. Nous avons à nouveau la pluie depuis 2 jours mais nous avons passé une huitaine plutôt trop chaude pour la saison.

Soignez-vous toujours bien et recevez mes meilleurs baisers en attendant de vos nouvelles.

PS : Jules est-il toujours en Italie ?

14 avril 1918
Chère maman et sœur, merci de vos bonnes nouvelles pour le moment. Je vais de même. Rien de nouveau pour le moment. Ne vous inquiétez toujours pas pour moi. Bons baisers pour toute la famille

18 avril 1918
Chères maman et sœur, je suis toujours en bonne santé et vous remercie de vos bonnes nouvelles. Je suis au repos pour le moment mais nous aurons le plaisir de voyager d'ici peu. Enfin ne vous inquiétez pas pour le moment et recevez mes meilleurs baisers.

22 avril 1918
Chères maman et sœur, toujours en bonne santé pour le moment. En repos je ne m'ennuie pas du tout. Je vous ai envoyé une carte faite par les jeunes filles du pays comme souvenir. Sur les 4 mois que nous avons passés ici, nous n'avons guère eu que 3 semaines agitées.

Soignez-vous toujours bien et recevez mes meilleurs baisers.

25 avril 1918
Chères maman et sœur, je suis toujours en bonne santé et vous remercie de vos bonnes nouvelles. Je pense que vous avez reçu des nouvelles de Jules et qu'il va très bien pour le moment. Je

suis au repos dans un gentil petit patelin, toujours dans le même coin. Ne vous inquiétez pas pour moi et recevez mes meilleurs baisers

27 avril 1918
Chères maman et sœur, je reçois de vos nouvelles à l'instant et vous en remercie. Pas grand nouveau. Nous sommes toujours au repos pour le moment. Mes fonds commencent à baisser, aussi vous feriez pas mal de m'envoyer 50 Fr. le plus tôt possible. Je profite du temps que nous avons à passer car je ne sais au juste où nous irons ensuite, mais ce ne sera sûrement pas au repos. Quant à mes dents, il faut que j'attende, car je pense me les faire enlever, mais je ne me vois pas joli si ensuite je monte en ligne sans dents. J'ai juste droit à une évacuation de 3 jours pour me faire mettre l'appareil. Aussi vous voyez et 3 mois après ? ?
Soignez-vous bien et recevez mes meilleurs baisers

29 avril 1918
Chères maman et sœur, je suis toujours en excellente santé et vous remercie de vos nouvelles. Rien de nouveau. Nous sommes toujours au repos. J'ai reçu la lettre de la Guite. Je pense que vous allez toujours bien.
Bons baisers pour toute la famille

1er mai 1918
Chère maman, je suis toujours au repos et vais bien pour le moment. Nous sommes pas mal embêtés pour le moment avec les exercices. Ici, c'est la carte de pain et les gens rouspètent dur.
Enfin soignez-vous le mieux possible et recevez mes meilleurs baisers.

7 mai 1918

Chères maman et sœur, je suis toujours en bonne santé juste derrière Jules (*il est donc revenu d'Italie*). J'ai eu des nouvelles de sa division mais je suis 50 km en arrière derrière lui. Je suis dans une ferme à 1 km d'…(illisible). C'est un joli petit pays de 3 à 4000 âmes, mais bien plus gai que Tournus. Je pense que vous ne vous êtes pas trop inquiétés d'être restés 5 ou 6 jours sans nouvelles, mais nous avons mis 48 heures de chemin de fer, à 40 par wagons à bestiaux, aussi vous pouvez croire que j'étais content d'arriver et de pouvoir dormir un peu. Je crois que nous serons encore quelques temps au repos avant de monter. En tout cas je ne me fais pas de mauvais sang. Je vous avais demandé 50 Fr. sur ma dernière lettre aussi je pense les recevoir bientôt. J'ai reçu la lettre ou vous me dites que Simone vous a fait une scène avant de partir, mais je n'en suis pas plus étonné que cela.

En tout cas soignez-vous, moi je ne me prive de rien.

Bons baisers pour toute la famille.

8 mai 1918

Chère maman, je suis toujours en excellente santé. Je suis en route. On marche tous les jours un peu. Nous étions trop bien, aussi nous n'avons pu y rester. Je viens de recevoir vos lettres. Nous étions sans courrier depuis 5 jours, aussi le temps commençait à nous durer. Demain, on file encore plus loin. La Guite doit être à Dijon. Je pense que le temps ne te durera pas de trop

Bons baisers

14 mai 1918

Chère maman, je suis toujours en bonne santé pour le moment. Pas de changement. Je suis au repos mais suis au boulot

201

maintenant. J'ai reçu 50 Fr. mais le temps me durait. La Guite ne doit pas tarder de rentrer vers toi. Tu dois savoir que Erny est blessé. La veille d'embarquer, il a reçu une balle de revolver dans le mollet par un voisin, par imprudence. Il a toujours de la chance. Je ne me fais toujours pas de bile pour le moment. Tâche de faire de même.
Bons baisers pour tous.

NDLR : la blessure du soldat Erny semble réelle et ne peut être considérée comme volontaire ; les blessures dites « volontaires » se situaient généralement à la main ou au pied et faisaient courir le risque d'une sanction très sévère allant jusqu'à la peine de mort ; il faut savoir que le certificat médical qui qualifiait une blessure de «volontaire » n'était qu'une polycopie sur laquelle le médecin militaire n'avait plus qu'à inscrire le nom du suspect sans être nécessairement précédé d'une enquête sérieuse sur les faits ; ceci a bien évidement été responsable d'erreurs, à l'issue parfois tragique.

15 mai 1918
Chère maman, je reçois 2 lettres du 11. Je suis toujours en excellente santé pour le moment et au repos avec mon bataillon. Nous attendons les événements, seulement je voudrais bien que tu te fasses moi de mauvais sang, surtout pour Simone. C'est un sale morceau de monde, on le laisse à l'écart.
Embrasse bien le pépé et la mémé pour moi
Bons baisers

16 mai 1918
Chère maman, je suis toujours en excellente santé pour le moment. Je crois que nous serons au repos pour plus longtemps que nous ne l'avions pensé, à moins que les boches remettent leur coup à nouveau.

Soignes-toi toujours bien et reçois mes meilleurs baisers.

19 mai 1918
Chères maman et sœur, je suis toujours en bonne santé et pense que ma lettre vous trouvera toutes deux de même. Je suis toujours avec mon bataillon assez tranquille pour le moment. Je pense que la Guite a passé une bonne dizaine à Dijon.
Soignez-vous toujours bien toutes deux et recevez mes meilleurs baisers.

20 mai 1918
Chères maman et sœur, je suis toujours en excellente santé pour le moment et ne me fais pas trop de bile, quoique nous changeons demain, pour où ? ? ?
Je pense que tout se passera bien. Enfin soignez-vous toujours bien et ne vous étonnez pas si vous êtes quelques jours sans nouvelles. Nous verrons peut-être le bout tout de même un jour. Pas grand nouveau à part la chaleur à laquelle nous ne sommes pas encore habitués.
Bons baisers pour le pépé la mémé et vous deux.
PS : envoyez-moi un flacon d'alcool de menthe. C'est tout pour le moment, rien d'autre

21 mai 1918
Chères maman et sœur, j'ai reçu hier votre lettre du 16 et suis content de vous savoir en bonne santé. Je pense que ma lettre vous trouvera toutes deux ensemble. La maman doit être contente maintenant. Quant à moi, je suis un peu plus près et nous nous rapprochons petit à petit tous les jours. Je suis pour le moment du côté sud de l'Aisne. J'ai tout à fait changé de coin avec l'endroit où j'étais dernièrement. C'est la chaleur qui est toujours aussi forte, aussi c'est assez dur à faire tous ces déplacements par ces temps lourds, mais je vais toujours bien quoique j'ai un peu changé ces derniers jours. C'est tout ce que

203

je vois à vous dire. J'espère que vous avez toujours de bonnes nouvelles de Jules pour le moment.

Soignez-vous toujours bien et recevez toutes deux mes meilleurs baisers.

22 mai 1918

Chères maman et sœur, je suis toujours au repos et en parfaite santé pour le moment. Il fait toujours une chaleur étouffante pour le moment et ce qu'il y a de très chic c'est que pour avoir la moindre parcelle d'eau, il faut aller la chercher à 90 m, voyez toujours le plaisir de tourner la manivelle du puits. Quels tristes patelins ! ! Enfin ! Je vous ai demandé une fiole d'alcool de menthe. Je pense que vous avez reçu ma lettre.

Ne vous inquiétez pas pour moi et recevez mes meilleurs baisers

26 mai 1918

Chères maman et sœur, je suis toujours en bonne santé et viens de recevoir la bouteille d'alcool de menthe et la carte de la Guite. Mais je me demande pourquoi les signatures portent A B et Guite ? C'est une énigme pour moi. Il y avait 6 jours que je suis sans vos nouvelles et aujourd'hui je n'ai qu'une carte de la Guite. Enfin je pense que j'aurai une lettre au moins demain. Nous sommes toujours au repos pour le moment. Hier il a tapé assez par ici mais aujourd'hui tout est de nouveau calme. Tant que nous serons par là nous tiendrons.

Soignez-vous bien et écrivez-moi un peu plus souvent si possible. Bons baisers pour toutes deux.

Bonjour de ma part aux signataires de la carte

NDLR : *l'insistance de Georges à recevoir du courrier est touchante et pathétique ; pendant toute la guerre de 14-18 des centaines de milliers de lettres et cartes postales ont été échangées entre le front et l'arrière et inversement. On mesure*

204

l'impact capital de cette correspondance sur le moral du soldat ainsi que sur celui de sa famille à l'arrière ; chaque lettre reçue par un soldat est un véritable trésor lui permettant pour un trop bref instant de renouer avec sa vie d'avant, sa famille, sa maison, ses amis...A l'arrière les lettres du soldat sont attendues avec autant d'impatience que d'anxiété : il est encore vivant ! On estime à 4 millions le nombre de courriers écoulés chaque jour par le bureau central militaire à Paris.

Par ailleurs, les colis reçus de l'arrière permettaient d'améliorer l'ordinaire du poilu ; 200000 colis par jour pour l'armée française. Les soldats allemands étaient moins bien lotis car trop éloignés de leurs arrières.

Quant à la censure, on sait que depuis 1916, chaque régiment est contrôlé au moins une fois par mois à raison de 500 lettres minimum ; le nombre colossal de lettres qui circulaient rendait impossible le contrôle de chacune, ce qui explique probablement que certaines lettres de Georges aient pu passer à travers ; les directives officielles stipulaient 3 interdictions formelles :

> *-Préciser ses positions, au risque d'informer l'ennemi*
>
> *-Transmettre des idées pacifiques*
>
> *-Dévoiler les conditions de vie des poilus*

<u>28 mai 1918</u>

Chère maman, enfin je viens de recevoir de vos nouvelles. Le temps commençait à me durer, vous pouvez le croire. Je me demande quelle est la guigne qui vous poursuit. Vous pouvez croire que j'en reste là. Mon sac est bouclé une fois de plus, vous devez vous douter pourquoi. On va encore voir du pays une fois de plus. Je suis abasourdi de vos 2 lettres, j'aurais le temps de les commenter si nous avons encore une journée de chemin de fer pour revoir le pays où Jules a travaillé. J'envoie

2 mots à Simone pour la remercier. Ne vous inquiétez pas pour moi, je tacherai de m'en tirer le mieux possible.

Bons baisers pour toutes deux et recevez mes meilleurs baisers.

29 mai 1918

Chère maman, je suis toujours en bonne santé. Nous sommes toujours sur le qui-vive et attendons les événements. Il fait un temps splendide tous ces jours. Les boches n'ont du reste pas à s'en plaindre, le recul est sûrement stratégique. Malheureusement je ne vois pas encore la fin cette fois-ci, nous n'avons pas encore assez de ruines. Je crois que nous nous en ressortirons encore quelque temps.

Enfin soignez-vous le mieux possible, c'est pas la peine de se priver maintenant, vous avez dû vous en apercevoir.

Bons baisers pour toutes deux.

5 juin 1918

Chères maman et sœur, je suis toujours en excellente santé pour le moment. Nous sommes toujours en ligne et tenons les boches en respect pour le moment. Aujourd'hui nous n'avons pas eu leur visite, mais hier, nous les avons ramassés pas mal et étendus sur le terrain. Le 75 a fait du bon travail depuis 4 jours. Je ne m'en fais pas de trop.

Soignez-vous le mieux possible et recevez mes meilleurs baisers toutes deux.

Vous pouvez m'envoyer un petit colis. J'ai reçu d'alcool de menthe. Bons baisers

9 juin 1918

Chères maman et sœur, je suis toujours en excellente santé et vous remercie de vos bonnes nouvelles. Je suis toujours en ligne pour le moment, mais les boches sont assez calmes dans le coin maintenant qu'ils sont matés, seulement je suis consolé car il paraît que la troisième armée boche n'a pas encore donné dans les 2 premières offensives, aussi s'ils remettent un coup semblable aux 2 précédents, ils ne seront pas loin de Paris. Enfin avec tout cela on ne voit pas le bout, mais je me demande ce que foutent encore les Américains à l'intérieur, la place ne manque pourtant pas ici. Enfin, qui vivra verra, mais je nous vois bien mal lotis pour le moment. Voilà toujours 9 jours que nous sommes en ligne et l'on ne parle pas de relève.

Enfin, ne vous en faites pas pour moi, soignez-vous toujours bien et recevez mes meilleurs baisers.

11 juin 1918

Chères maman et sœur, je suis toujours en excellente santé et vous remercie de vos bonnes nouvelles. Nous sommes relevés des lignes depuis hier soir et en réserve à 2 km des lignes ; enfin on est tout de même mieux, seulement on est obligé de se réfugier dans les bois car les pays sont bombardés constamment. Ne vous inquiétez pas pour moi, je vais toujours assez bien.

Vous m'enverrez 50 Fr. pour que je puisse me soigner si jamais nous avions 4 ou 5 jours de bon.

Soignez-vous toujours bien et recevez mes meilleurs baisers

12 juin 1918

Chères maman et sœur, je suis toujours en bonne santé et en réserve. Je viens de me débarbouiller au patelin d'à côté. Il y a 12 jours, les gens y étaient encore, aujourd'hui on dirait qu'une armée de pillards y a passé. Les pauvres gens ne retrouvent rien. On dirait que c'est seulement pour détruire, glasses cassées, meubles éventrés, linge en loque. Tout y est resté, sans exception. C'est tout de même une ruine, on peut le dire et le ¼ de la France est ainsi ? ?

Ce matin, nous avons reçu 3 heures de bombardement avec gaz et tous les grands moyens. Ensuite, Fritz est venu nous voir, il a été reçu comme il convenait et nous avons continué de boucher les sillons de blé encore vides par leurs cadavres.

Je me demande où ils prennent leurs poilus, les femmes doivent sûrement en faire 4 par an, je ne vois pas d'autres solutions.

Je vais toujours bien devant Villers-Cotterêts car je juge de votre impatience à savoir où je me trouve. Soignez-vous bien surtout pendant que vous pouvez. Je ne sais pas si les boches réussiront encore leur troisième offensive, mais ils jouent leur atout. Pourrons-nous tenir assez longtemps ?

Enfin, bons baisers pour tous, en attendant de vos bonnes nouvelles

15 juin 1918

Toujours en ligne et en bonne santé, je commence à trouver le temps long. Quelle vie depuis 15 jours et je vois que nous ne voyons pas encore la fin. En tout cas il faut que nous soyons rudement à court pour être encore en ligne après ce que nous avons fait. On ne tient plus debout.

Soignez-vous pendant que vous le pouvez et recevez mes meilleurs baisers

17 juin 1918

Chères maman et sœur, je suis obligé de vous écrire moins souvent car c'est la crise du papier. J'ai reçu votre colis hier. Si je vous en demande un autre vous me l'enverrez, mais pas avant.

Les boches sont occupés à nous marmiter et, je ne sais pas ce qui leur a pris tout d'un coup, enfin je crois que nous sommes encore en ligne dans ce coin pour quelque temps. Quelle vie, pour en finir par la ruine des 2 nations.

Bury va toujours bien, Meiller tient toujours le coup derrière une meule de paille et moi sur la lisière du bois.
Soignez-vous toujours bien et recevez mes meilleurs baisers.

19 juin 1918
Chère maman, je suis en réserve au milieu des batteries depuis hier. Rien de nouveau pour le moment. Envoyez-moi du papier dans vos lettres si vous voulez que je vous écrive. Impossible d'en trouver.
Soignez-vous bien et recevez mes meilleurs baisers

21 juin 1918
Chères maman et sœur, je suis toujours en excellente santé pour le moment et vous remercie de vos bonnes nouvelles. Toujours en réserve au milieu des batteries pour le moment. Je me suis déchaussé pour la première fois depuis le 31 mai hier. Aussi je me suis lavé les pieds et ai aussitôt remis mes chaussures car avec les fritz, on ne sait jamais ce qui peut leur prendre. J'ai trouvé du papier à lettres ce matin, c'est du reste pourquoi je vous écris. J'en ai encore une quinzaine ; d'ici là, j'en trouverai peut-être d'autres ; vous devez savoir ou je suis, et je crois que le fils Robin ne doit pas connaître beaucoup la 128ème division, car nous n'avons encore jamais foutu les pieds dans les Flandres comme il vous le disait.
Enfin, soignez-vous toujours bien et recevez mes meilleurs baisers

22 juin 1918
Chères maman et sœur, je viens de recevoir 50 Fr., me voilà muni pour un moment maintenant. Nous sommes toujours en

réserve encore pour 4 jours avant de remonter en ligne. C'est toujours la même vie par ici, toujours dans les bois mais il n'y fait pas bon pour le moment car on est trempé comme de vraies soupes depuis 4 jours qu'il pleut.

Pas grand nouveau à part cela. Soignez-vous bien comme moi et recevez mes meilleurs baisers.

<u>24 juin 1918</u> Saint-Jean

Chères maman et sœur, merci de vos 2 lettres, je suis heureux de vous savoir toujours en bonne santé. Je vois que la Guite ne se fait pas trop de bile mais elle a raison. Soignez-vous avant tout. Aurez-vous plus de chance avec la femme de ménage qu'avec les bonnes, je l'espère du moins mais on peut dire que, jusqu'à présent, vous n'avez guère été favorisées.

Nous avons un nouveau commandant de compagnie et je crois que nous n'y perdrons pas. Nous remontons en ligne dans 2 jours mais je ne m'en fais pas, les boches ont l'air d'être bien plus calmes, et nous commençons à nous organiser. Si vous me voyiez en ce moment, j'ai une splendide chemise de femme à faveurs bleue, j'en ai profité pour laver la mienne qui commençait à être plutôt noire et habitée depuis un mois. C'est dommage qu'il manque des manches, sans cela je n'aurais jamais été aussi chic. On se fait à tout et tout n'est que question d'habitude. Vous voyez que rien ne me manque et que je ne suis pas trop à plaindre.

Bons baisers pour toutes deux

PS : mettez une feuille et une enveloppe dans vos lettres pour que je puisse vous écrire la crise continue.

<u>26 juin 1918</u>

Chères maman et sœur, merci de vos bonnes nouvelles, je vais toujours très bien et suis en excellente santé pour le moment. Je monte en ligne ce soir. Le coin est redevenu à peu près calme pour le moment, probablement jusqu'à ce que Fritz reprenne envie de recommencer. Pas grand nouveau à part cela. Je vais toujours bien.

Soignez-vous toujours et recevez mes meilleurs baisers

28 juin 1918

Chères maman et sœur, privé de vos nouvelles depuis 3 jours, je pense que vous êtes toujours en bonne santé. Pour moi tout va bien je suis toujours en bonne santé et en ligne pour le moment. Près de la moitié de nous sont mal foutus. Meiller est à l'infirmerie mais je vais toujours bien. Fritz reste à peu près tranquille pour le moment à part les gaz que l'on se ballotte mutuellement suivant le vent. Pour le moment il fait très beau, aussi c'est assez gai d'être dans les bois lorsque tout est calme. Seulement on travaille dur pour nous abriter et nous protéger.

Soignez-vous toujours bien et recevez mes meilleurs baisers.

29 juin 1918

Chères maman et sœur, je suis toujours en bonne santé et vous remercie de vos bonnes nouvelles. Le coin est assez tranquille pour le moment. Je me soigne le mieux possible, ne m'en fais pas du tout, aussi faites comme moi. Voici 3 jours que je suis en ligne, cette fois le temps a passé très vite. Je crois que nous irons à l'arrière sous peu. Voici un mois que nous n'avons pas vu un civil, cela commence à être long.

Soignez-vous toujours bien et recevez mes meilleurs baisers

2 juillet 1918

Chères maman et sœur, merci de vos bonnes nouvelles, je suis toujours en excellente santé pour le moment. Je viens de recevoir une gentille lettre de Louis. Il vous a écrit ainsi que la grand-mère il y a 3 mois et attend toujours des réponses. Il a passé 15 jours en Belgique et maintenant ils sont en Lorraine. Il est très content de son beau-père pour le moment. Sa sœur a eu son certificat d'études avec succès. Tachez de lui écrire. La Guite a bien le temps. Je lui réponds pour vous excuser.

Nous sommes toujours dans les bois, 4 jours en ligne et en réserve 8 jours, au milieu des batteries. Nous avons la chance de pouvoir nous promener et nous ne nous apercevons pas trop de la chaleur dans les bois. Le coin n'est pas très mauvais, seulement de temps en temps nous nous passons mutuellement des séances d'artillerie, quelque chose de serré. Alors on trouve le temps long car nous n'avons que des bouts de tranchées sans abris.

Malgré cela, nous n'avons pas grandes pertes et si nous voulions moins taquiner les boches, je crois que c'est de bon cœur qu'ils nous laisseraient tranquilles, mais on les harcelle continuellement. Plus rien de nouveau à vous raconter.

Soignez-vous toujours bien et recevez mille baisers

PS : Louis Bouillon, 122ème infanterie, 3ème compagnie secteur 139, il fait toujours la croûte des officiers

3 juillet 1918

Chères maman et sœur, je suis toujours en bonne santé pour le moment. Je n'ai pas de vos nouvelles très souvent mais je pense que vous êtes en bonne santé pour le moment. Nous sommes toujours dans le même coin pour le moment. Je relis ma lettre et m'aperçois qu'il y a pas mal de «moment». Ceci est dû à la discussion que nous sommes en train de tenir. Je vous en reparlerai plus tard.

Ne vous inquiétez pas pour moi et recevez mes meilleurs baisers.

6 juillet 1918

Chères maman et sœur, je suis privé de vos nouvelles depuis 3 jours. Voici également 3 jours que je ne vous ai écrit, mais croyez que si je ne l'ai fait c'est que je n'ai pas pu. Je vais toujours bien et suis dans le même coin. Nous sommes assez tranquilles pour le moment et continuons de mener notre vie de sauvage au milieu des bois. Ne vous inquiétez pas et surtout ne m'attendez pas en permission.

Bons baisers pour toutes deux.

7 juillet 1918

Chères maman et sœur, je suis toujours en excellente santé pour le moment et n'ai toujours pas de nouvelles de vous. Rien de nouveau. Nous sommes toujours dans le même coin en ligne. Je ne sais pas si l'on attend que les boches nous bondissent sur le paletot pour nous relever, mais nous commençons à trouver le temps long tout de même. 38 jours sans même pouvoir trouver de l'eau pour se débarbouiller, je crois qu'ils y vont un peu fort. Heureusement que nous sommes dans les bois, ce qui fait que pour nous marmiter les boches hésitent et ne savent au juste où nous trouver, mais c'est long tout de même.

Soignez-vous toujours bien et recevez mes meilleurs baisers.

PS : quant à la perm ? Dans 3 mois

8 juillet 1918

Chères maman et sœur, je suis toujours en excellente santé pour le moment. Je viens de recevoir de vos nouvelles et suis

213

content de vous savoir en bonne santé. Toujours dans le même coin pour le moment. Nous filons quelque chose comme artillerie aux boches. Depuis ce matin nous n'arrêtons pas. La crise du papier est passée, aussi on trouve ce que l'on veut pour le moment. Aussi vous pourrez vous dispenser de m'en envoyer.
Soignez-vous toujours bien et recevez mes meilleurs baisers.

9 juillet 1918
Chères maman et sœur, toujours en bonne santé pour le moment. Rien de nouveau. Toujours en ligne. Soignez-vous ne vous inquiétez pas pour moi et recevez mes meilleurs baisers

12 juillet 1918
Chères maman et sœur, je suis toujours en assez bonne santé pour le moment. Je vais assez bien mais nous n'avons pas le temps de nous amuser beaucoup car nous avons un rude travaille pour le moment. J'ai reçu la lettre où la maman me parle de Simone. Vous pouvez être sûrs que je la laisse bien tranquille pour le moment. Quant à la Guite, il me semble que je ne vous ai fait jamais aucune objection à son sujet, bien au contraire, du reste je n'ai rien à voir dans tout cela et encore serait-elle bien rusée ; Il me semble que ce serait tout naturel et bien pour son âge. Pour la question argent il ne me semble pas en avoir gagné beaucoup jusqu'à présent. Enfin il me semble bien ne jamais vous avoir fait aucune allusion à tout ceci, vous recommandant au contraire de vous soigner le mieux possible. Je termine en vous embrassant toutes deux bien fort.
(*chamailleries de famille bien mystérieuses et de peu d'intérêt*).

15 juillet 1918
Chère maman, aujourd'hui nouvelle offensive boche. Mais je crois qu'ils seront reçus comme il faut car nous avons été

214

prévenus de faire attention en cas de diversion ce matin, à minuit. Le coin est assez calme. Nous avons avancé notre ligne de plus d'1 kilomètre sans trouver de grande résistance. Vous avez du reste du le voir sur les journaux. Nous sommes toujours en ligne pour le moment. C'est dur tout de même depuis 46 jours, surtout que tout est à réorganiser avec cette nouvelle avance. Nous avons des Sénégalais (noirs) pour nous aider mais ce sont des soldats de piètre valeur et auxquels il ne faut pas leur demander autre chose que de manger du riz. Je vais assez bien quoique fatigué tout de même par 46 jours de cette vie là.

Soignez-vous toujours bien toutes 2 et recevez mes meilleurs baisers

NDLR : *de tels propos racistes sont évidemment aujourd'hui très choquants; même replacés dans le contexte de l'époque, à une période où la France était très engagée pour préserver ses colonies africaines, avec un évident mépris pour les populations indigènes ; en revanche, de très nombreux témoignages d'époque font état de la grande valeur au combat de ces populations d'Afrique noire et du maghreb, déracinées, pour une cause qui n'était pas la leure.*
Plus dérangeante encore est l'attitude de l'armée américaine vis-à-vis des soldats noirs de ses unités basées en France ; les soldats noirs américains servaient exclusivement comme « pionniers » c'est-à-dire affectés à des travaux subalternes de déchargement des navires ou de terrassement ; il était impensable pour les dirigeants US de mélanger des soldats noirs et blancs, dans la droite ligne de la discrimination raciale en vigueur aux états unis, et encore moins de les affecter à des unités combattantes ; c'est pour cette raison que les 4 régiments de la 93ème division américaine (constituée exclusivement de soldats noirs) ont été incorporés dans les troupes françaises sur l'insistance du Général Pétain dont les

troupes avaient cruellement besoin d'hommes ; ces soldats noirs américains ont combattu en uniforme kaki de l'armée US mais avec un équipement français : casque, fusil, équipement; ils ont été fort bien accueillis par l'ensemble des troupes françaises ainsi que par les populations locales ; cette incorporation sans discrimination déplut fortement à l'état-major américain avec pour conséquence la fameuse « circulaire Linard » éditée sous pression américaine, qui proposait de comprendre et d'accepter la position américaine sur « la question noire » et fut à l'origine d'un véritable scandale politique en France et de tensions diplomatiques entre les deux nations.

Enfin, pour établir la vérité sur ces malheureux soldats noirs rejetés par leur propre pays, il convient de signaler leur excellent comportement au combat comme l'attestent les 68 croix de guerre attribuées à des soldats noirs américains ; de plus, cette 93ème division a eu 584 tués, et 2582 blessés, ce qui représente 32% de son effectif.

16 juillet 1918

Chères maman et sœur, je vais toujours bien pour le moment. Sans nouvelles de vous mais je pense que vous allez toujours bien. Tachez au moins de vous accorder et de vous entendre toutes deux.

Si vous voyez la triste entente qui existe entre nous, cela fait pitié. Malheureusement, j'ai la langue trop longue et je risque fort d'en être victime, mais avant j'aurais tout au moins dit ce que je pense à certains tristes citoyens auxquels j'ai à faire. Je vous ai peut-être parlé d'un nommé Chalumeau. Je dois vous dire qu'il est cabot maintenant. Non seulement d'être content de m'avoir volé 2 jours de permission, il cherche à m'embêter pour le moment, mais je me charge de lui répondre, surtout le jour où il me poussera à bout. Enfin, ne vous faites pas trop de mauvais sang pour moi. Nous quittons le coin mais vous devez bien penser que ce ne sera pas pour longtemps avant de remettre cela. Pauvre France ! On ne peut même pas s'entendre entre nous.

Bons baisers pour toutes deux.

NDLR : *depuis l'été 1918 ces lettres reflètent une profonde lassitude et une grande amertume. Ceci n'est pas très surprenant au vu des circonstances. Plus étonnants, ses rapports avec le nommé Chalumeau qui paraissaient excellents jusqu'à présent mais se sont visiblement détériorés.*

17 juillet 1918

Chères maman et sœur, je suis toujours en excellente santé et vous remercie de vos bonnes nouvelles. Nous sommes encore dans ce sale coin pour le moment. Ne vous inquiétez pas trop pour moi. Je pensais aller au repos, malheureusement il n'en est rien, au contraire. Je vous écrirai aussitôt que possible.

Soignez-vous toujours bien pour le moment, mes meilleurs baisers pour toute la famille.

19 juillet 1918

Chères maman et sœur, vous devez sans doute être au courant de ce qui se passe. Vous avez dû être étonnés de voir mes lettres changer subitement de ton et vous pouvez croire que lorsque 8 heures avant d'attaquer on nous a prévenu vaguement, j'en suis plutôt resté là. Le lendemain nous avons attaqué à 4h30 après un bombardement de 10 minutes et je vous vous prie de croire que nous n'avons guère amusé les boches. Nous les avons plutôt surpris, aussi nous avons assez progressé et ce qu'il y a de bon, c'est que le soir nous avons été relevés des lignes. Nous sommes sur les emplacements de départ pour le moment. Nous avons trinqué légèrement, moins que le 8 septembre. Enfin, j'en suis revenu, c'est l'essentiel.

217

J'ai une balle qui a traversé l'appareil que j'avais sur moi mais je m'en suis tiré indemne malgré cela. Je ne crois pas que nous allions au repos car si nous réussissons à repousser les boches encore plus loin, je crois que nous ne les amuserons pas beaucoup et par conséquent nous n'aurons pas de repos non plus. Ne vous inquiétez pas pour moi, souhaitons que ma chance continue. Vous m'enverrez une bouteille d'alcool de menthe.
Bons baisers pour toutes deux.

21 juillet 1918
Chères maman et sœur, merci de vos bonnes nouvelles. Je suis toujours en bonne santé pour le moment et au repos. Je suis toujours fatigué, on dirait que j'ai reçu 200 coups de bâton. Je pense que tout se passera dans 2 ou 3 jours. Soignez-vous toujours bien. Nous sommes dans un sale patelin Arsy (Oise) pas très loin des lignes. Je me demande si nous irons au repos ailleurs avant de remonter mais si nous restons ici, c'est plutôt moche comme repos et loin de ce que je m'attendais. Enfin, je ne m'étonne de plus rien à l'heure actuelle, je trouve tout naturel depuis ces derniers jours. Quelle vie tout de même. Aussi ne vous occupez nullement de l'avenir soignez-vous et ne vous privez de rien car quand on passe dans des coins semblables, on se demande si cela va encore durer et combien de temps. Ne faites pas attention au papier, il a été victime de la transpiration. Meilleurs baisers pour toutes deux.

23 juillet 1918
Chère maman et sœur, je suis toujours en bonne santé et viens de recevoir aujourd'hui votre lettre du 14. Hier j'ai reçu celle du 18. C'est à n'y rien comprendre tellement le courrier marche bien. Je pense bien que vous ne vous faites pas de mauvais sang pour les grimaces de Simone. Elle n'a qu'à rester chez elle et vous foutre la paix. Tout le monde s'en portera

218

mieux. Je suis toujours dans ce sale pays, à 12 km des lignes. C'est tout de même moche comme repos après ce que nous venons de prendre, mais maintenant je m'attends un peu à tout, et suis même prêt à croire que nous ne tarderons pas à remonter en ligne. Je me demande quand les permissions vont reprendre, ils feraient pas mal d'en donner quelques-unes, car je commence à trouver le temps long. Je crois que je vais encore être obligé d'allonger et de me contenter de goûter le vin de soutirage.

Enfin soignez-vous toujours bien et recevez mes meilleurs baisers.

<u>24 juillet 1918</u> simple carte pré imprimé.

<u>26 juillet 1918</u>
Chères maman et sœur, je viens de recevoir vos lettres des 21 et 23 et suis heureux de vous savoir en bonne santé. Je vais toujours assez bien. Hier j'ai rendu tripes et boyaux avec leurs saloperies de gaz ypérite. Le toubib m'a dit que j'en avais encore pour une huitaine à être enroué et après tout se passera. Nous sommes tous comme cela, c'est ce qui me console. Nous venons de voir notre commandant qui avait été blessé le 18. Il est en traitement à Paris et est venu nous voir. Quand il a vu les rescapés de sa liaison, il voulait tous nous embrasser, il pleurait tellement il était content. On peut dire qu'il en a dans le ventre. Il sera sûrement avec nous pour le prochain coup dur. Je m'ennuie passablement maintenant je ne m'en rendais pas compte les premiers jours mais quand je songe aux copains, c'est tout de même vide. Sur 4 que nous sortions faire la manille tous les soirs, je reste le seul. L'un à 2 balles de mitrailleuses dans la caisse et nous avons été obligés de le laisser chez les boches. L'autre 1 balle en pleine poitrine, et le 3ème un éclat d'obus toxique dans le mollet mais il pense pouvoir éviter l'amputation : je ne vous donne pas de chiffres

219

car on a peine à le croire. Quelle boucherie tout de même. J'apprends que Jules vient d'être blessé aussi. Envoyez-moi son adresse, je suis toujours dans mon patelin en réserve. Chalumeau n'est plus avec moi, il a été blessé aux batteries boches de 109 par une balle en dessous du genou. Je l'ai même traîné 200 m comme j'ai pu mais il est moins à plaindre que moi à l'heure actuelle. Bury est à Saint-Amand-Montrond pris par les gaz. Je me demande si je suis blindé quoi, celle qui m'attrapera ne me loupera peut-être pas.

Soignez-vous bien et recevez mes meilleurs baisers

27 juillet 1918

Chères maman et sœur, toujours en bonne santé pour le moment, la séance d'avant-hier ne s'est pas renouvelée. Je n'ai que la gorge qui racle un peu mais dans 2 jours tout sera passé. Je viens de voir le fils Borassa classe 10 qui est au 6ème chasseur à cheval, je le connais car nous étions rentrés de permission la dernière fois ensembles tout le long du chemin. Il doit partir d'ici mais n'est pas à plaindre, il ne s'en fait nullement. Il est avec un type de Chisry (entre Montailly et Lugny), ce qui nous a procuré de boire une bouteille de Mâcon, mais j'aurais préféré la boire à Tournus. Le jour viendra peut-être tout de même mais il est encore loin.

Enfin soignez-vous toujours le mieux possible et recevez mes meilleurs baisers

28 juillet 1918

Chères maman et sœur, en assez bonne santé, on revoyage encore demain, quelle vie de bohémien. Enfin, ne vous inquiétez pas ; où allons-nous ?

En ligne ou au repos, c'est ce que nous ignorons, leur dernier coup de culot m'a tout à fait abruti. Rien ne m'étonne plus maintenant. Borassa est encore là, il devait aussi partir mais est resté là. Je vous avais demandé de l'alcool de menthe. Je pense que vous y avez songé.

Ne vous inquiétez pas et recevez mes meilleurs baisers je vous écrirai dès mon arrivée

PS : on vient de me remettre une croix de guerre, mais surtout ne m'en faites pas gloire devant <u>personne</u>. Je passerai toujours 2 jours de plus avec vous à ma prochaine permission.

<u>30 juillet 1918</u> Vic- sur- Aisne
Chères maman et sœur, je suis en bonne santé, encore au repos dans une ville évacuée, en attendant d'être en ligne demain probablement. Nous devons prendre un coin genre bois d'Ailly. Je crois guère de minen, cela nous changera un peu. Voici pas mal de temps que nous avions l'habitude de nous frotter mais de nous tenir à une distance respectable des boches. Nous reverrons un peu les tranchées à 40 m les unes des autres. Je vous réécrirai dès que possible lorsque je serai arrivé.

Soignez-vous toujours bien et recevez mes meilleurs baisers

<u>2 août 1918</u>
Chères maman et sœur, je suis toujours en excellente santé dans un petit patelin pour le moment. Nous avons fait une triste relève mais depuis, les boches nous fichent la paix. Vous savez sûrement où je me trouve pour le moment. C'est un très gentil pays. Je viens de voir notre collègue (*quincailler*), ce ne devait pas être des malheureux. Mais dans quel état les pauvres gens vont retrouver leur magasin, pillé, sans même avoir laissé un seul tiroir au rayonnage. Le mobilier est encore là et chic, vous pouvez le croire, 2 pians et 2 buffets magnifiques. Je suis logé au château, enfoncé jusqu'aux oreilles dans une causeuse, vous voyez que la guerre a ses mauvais mais quelquefois ses bons côtés. Je vous dirais aussi que nous avons trouvé 1000 bouteilles, tous crus, toutes années, toutes provenances, vin, cognac, Marc etc.... aussi c'est avec plaisir que nous

comparons les diverses qualités en portant chaque fois un toast en l'honneur du vicomte de Reiset (*1858-1925*), notre aimable propriétaire. Je suis toujours sans nouvelles de Jules. La mémé m'a écrit me disant qu'elle n'avait pas reçu ma lettre, je suis plutôt étonné. J'attends votre lettre me disant comment va Jules et vous me donnerez son adresse en même temps. Desrobert me dit qu'il va passer sous-lieutenant. Il est toujours en Lorraine, on peut dire que c'est une chance.

Soignez-vous toujours bien et recevez mes meilleurs baisers toutes deux en attendant de pouvoir le faire moi-même dans un mois je pense.

PS : vous avez dû voir la division des « loups » sur les journaux (c'est l'appellation de la nôtre)

NDLR : le surnom des « loups de Bois le Prêtre » a été donné à cette division par les allemands suite aux combats acharnés dans ce secteur entre septembre 14 et Juin 15, combats qui firent 7000 morts dans les 2 camps.

4 août 1918
Chères maman et sœur, je suis toujours en bonne santé dans mon château. Je viens de recevoir votre lettre et ne suis pas content du tout. Il faut absolument trouver quelqu'un pour faire le ménage. Vous m'aviez dit que vous aviez une bonne en vue pour le mois d'août, en tout cas il faut en rechercher activement une. Il me semble que cela doit pouvoir se trouver, car ce n'est pas la peine de s'esquinter pour économiser 4 sous et se rendre malade ensuite. Je suis toujours dans mon petit patelin pour le moment toujours aussi tranquille. Plus grande nouvelle à vous annoncer.
Votre fils qui vous embrasse bien fort.

5 août 1918

Chères maman et sœur, merci de vos bonnes nouvelles. On vient de me dire que j'avais un colis au colonel. Je pense que c'est l'alcool de menthe. Toujours dans mon château, je continue à ne pas me faire trop de mauvais sang pour le moment. Nous avons la pluie tous ces jours mais comme nous sommes abrités, on n'en souffre pas du tout. Avez-vous trouvé quelqu'un ? Il faut vous en occuper activement.
Bons baisers en attendant de vos nouvelles

7 août 1918 carte

Chère maman et sœur, je suis en bonne santé et en ligne. Vous écrirez plus longuement demain. Bons baisers

8 août 1918

Chères maman et sœur, toujours en excellente santé pour le moment. Rien de nouveau. Je suis en ligne depuis 2 jours. Le coin est assez calme, à condition qu'il y reste, on peut tenir. Mais il n'en est pas de même sur notre gauche. Depuis ce matin on entend le roulement. Je ne m'en fais pas du tout. Je compte aller en permission au mois de septembre, ce qui fait que je pourrai faire les vendanges. Votre dernière lettre est du premier. Jules aurait pourtant dû vous faire un meilleur accueil, sa femme est capable de tout, je ne m'étonne pas qu'elle lui ait monté le coup. Vous en êtes débarrassés ce n'est déjà pas rien. Soignez-vous bien bons baisers pour toutes deux.

9 août 1918

Chères maman et sœur, je suis toujours en excellente santé et en ligne encore pour 10 jours. Ensuite, si tout se passe bien, je songerai un peu à Tournus. Je suis en ligne avec un capitaine arrivé en renfort ces jours-ci, il est très chic et pas fier du tout, aussi on blague quand les boches se tiennent calmes, ce qui nous fait trouver le temps moins long. Il est relevé demain,

223

mais celui qui viendra sera peut-être aussi chic, du moins je l'espère. Je n'ai toujours pas de lettre mais j'en trouverai peut-être une qui m'attend ce soir. Toujours cette même vie depuis deux ans.

Je pense que vous allez bien toutes deux. En tout cas soignez-vous bien le mieux possible et recevez toutes deux mes meilleurs baisers en attendant le plaisir de vous voir

14 août 918

Chères maman et sœur, je suis toujours en bonne santé pour le moment. En ligne pour ne pas changer depuis 8 jours. S'il n'y a pas de nouveau j'ai encore 4 jours à faire mais on ne peut jamais rien dire dans des coins semblables où nous sommes. J'ai eu pas mal de travail avec tous leurs bouleversements de secteur, aussi je n'ai pas eu le temps de descendre chercher mes lettres depuis 2 jours. Il rentre pas mal de permissionnaires tous ces jours mais il n'en part plus, je me demande pourquoi ; ils ont peut-être encore envie de nous faire remettre cela, il faudrait qu'ils aient tout de même un fameux culot. Enfin je m'en fais le moins possible ; je commence à trouver la permission plutôt longue à venir.

Soignez-vous toujours bien et tachez de trouver quelqu'un pour vous aider

Bons baisers pour toutes deux.

15 août 1918

Chères maman et sœur, je suis toujours en excellente santé. Je confie ma lettre à un permissionnaire comptant que vous l'aurez mieux. Je suis obligé d'attendre pour aller en permission comme le 18 juillet. Ce n'est pas de chance. J'ai bon espoir et pense que tout se passera comme à l'habitude.

224

Patientez quelques jours pour mes lettres et soignez-vous bien surtout.
Bons baisers pour toutes deux et à bientôt.

16 août 1918 carte
Chère maman, je vais toujours très bien et suis en bonne santé pour le moment
bons baisers.

19 août 1918 carte
Chère maman, je vais toujours très bien malgré la fatigue. Ne vous inquiétez pas pour moi, si je pouvais vous écrire plus souvent je n'aurais pas manqué de le faire
Bons baisers pour toutes deux.

C'est le dernier courrier....

Page suivante : avis officiel du décès, où figure la date du 20/08/1918

▸ Imprimer

PARTIE À REMPLIR PAR LE CORPS.

Nom _DEMORTIÈRE_

Prénoms _Georges François_

Grade _2e Classe_

Corps _167e Reg.t d'Infanterie_ Venu du _56e R.._

N° _2468_ au Corps. — Cl. _1916_

Matricule. _45_ au Recrutement _Mâcon_

Mort pour la France le _20 Août 1918_ _Morsain_

devant Vézaponin (Aisne)

Genre de mort _Tué à l'ennemi_

Né le _12 octobre 1896_

à _Tournus_ Département _Saône et Loire_

Arr.t municipal (p.r Paris et Lyon), }
à défaut rue et N°. }

Jugement rendu le

par le Tribunal de

acte ou jugement transcrit le _30 juillet 1919_

à _Tournus (Saône et Loire)_

N° du registre d'état civil

101-705-1922. [26434]

4 septembre 1918 : Lettre de Guyonnet (original en annexe)

NDLR : C'est l'un de ses camarades qui participait à la même attaque à ses cotés et qui a été témoin de la mort de Georges ; il est très étonnant de lire la date du 18/08/18, alors que l'on a une lettre du 19 août 1918 , écrite par Georges, et que l'avis officiel fait état d'un décès survenu le 20 août 1918...
Simple erreur de date de la part de Georges ? On raconte que certains soldats post dataient leur lettre avant une attaque, dans le seul but de rassurer leur famille...Légende ou vérité ?

Madame,
Je viens de recevoir à l'instant votre lettre me demandant des détails sur la malheureuse destinée du pauvre Georges. Je me fais un plaisir (*sic*) de pouvoir vous donner tous les renseignements dont vous me demandez.

Le 18 août, nous montions à l'attaque du village de Morsain (Aisne) à 5 heures du matin, heure qu'il a été tué par un obus qui lui est tombé à 1 m de lui. Il fut criblé d'éclats aux jambes, quelques-uns au ventre et un à la tête qui a traversé son casque. Ce dernier lui donnant la mort instantanée, il n'a pas souffert du tout. Le coup entre la vie et la mort fut pour lui qu'un coup de foudre.
Avec lui, un camarade fut blessé aux 2 jambes et commotionné, ne s'est pas rendu compte que Georges était près de lui ; à ce moment il est à l'hôpital et demande de ses nouvelles.
Georges venait de tomber quand je me trouve à passer près de lui, ensuite je m'intéresse de son état, mais il n'y avait plus rien

227

à faire. À ce moment je n'ai pu m'en occuper davantage, il me fallait suivre l'attaque.

Le 24, nous avons été relevés après une avance de 10 km. Je suis revenu sur les lieux où il était resté. J'ai retrouvé son casque que j'ai placé sur sa tombe. Il n'est pas enterré dans un cimetière, il est dans un angle de bois près de la ferme de Pont-Anger, ou 8 sont avec lui. Parmi ces 8, l'adjudant Coquillon, juge de paix à la cour d'appel de Dijon.

Ses papiers et argent ont été ramassés par ceux qui l'ont enterré et remis au sergent major de la compagnie qui vous en a fait l'expédition.

J'ai très bien songé à ce que vous me demandiez de faire, photographier sa tombe, mais à ce moment aucun de nous était possesseur d'appareil et depuis le 24 nous avons quitté la région.

Ce que je regrette beaucoup de n'avoir pu le faire, c'était la chose essentielle qui vous aurait le plus intéressée

Recevez mes biens chères dames mes sincères salutations.

Signé Guyonnet

Un autre document signé Laquai, non daté mais visiblement de la même période est rédigé de façon très peu lisible avec une orthographe très approximative ; j'en ai corrigé les fautes les plus flagrantes pour permettre une meilleure compréhension de ce texte :

1 Demortiere Georges, tué le 18 août

2 Lafond Marcel tué 18

3 Billapon Marcel tué 18 (*orthographe du nom imprécise*)

4 derrière la croix dans le bois de monsieur Demortière, reconnue….. (suivent 2 mots illisibles)

Les 4 autres ensemble :
1 Coquillon Felix adjudant au 167
2 Monny maurice
3 Raymond Justin
4 La lmanque Paul ri
5Louis Ert
6Mauvie Pierre
Tous ces noms , je les ai pris sur les croix, car je n'avais rien pour enlever les bouchons des bouteilles et tous les 10 sont du 167 et tous tués le 18 août
Voilà Madame, les renseignements que je peux vous donner sur ces 10 tombes
Madame, excusez mon griffonnage, je fais tout mon possible pour me faire comprendre
Chère Madame, prenez courage pour supporter vos peines, Dieu vous donnera la force tout à vous
Signé Laquai

NDLR : *Les noms des tués étaient placés dans des bouteilles de verre , fermées hermétiquement par un bouchon pour éviter que le nom ne soit effacé par les intempéries et permettre une reconnaissance ultérieure. Ce procédé apparait dans un film avec Philippe Noiret : « la vie et rien d'autre » de Bertrand Tavernier, sorti en Nov 1989*

Voici les lettres écrites depuis le village de Vic-sur-Aisne à mon arrière-grand-mère, par la même Mme Laquoi. Ces lettres sont à peine lisibles, écrites dans un français très approximatif, véritable charabia, aussi, certains mots restent parfaitement illisibles.

Vic-sur-aisne le 24 décembre 1918

Madame et Mademoiselle, pardon si je ne vous ai pas encore répondu à votre lettre me disen ou été votre cher fils car par le mauvais temps je n'ai pas encore pu mi rendre mais conté sur ma parole ausito que le temps ce remettra. Je me rendre à ces cher tombe et fere le devoir dune mère fait enver un fils bienaime et vous fere réponse de mon voiage et ce que je remarquere à ces tombe avec lespoir que vous me pardonneré ces retar

recevez Madame et demoiselles l'assurance de confiance de ma parole et le plus tôt possible tout à vous

signé Laquoi

NDLR : lettre reproduite littéralement en respectant l'écriture de cette personne. Pour les suivantes, écrites par la même personne, j'ai apporté quelques corrections indispensables à une bonne compréhension du texte.

Vic-sur-Aisne le 10 janvier 1919

Chère Madame et Mademoiselle, reçu votre lettre du 31 décembre. Le 8 janvier jour que je devais aller pour retrouver votre cher disparu, je suis heureuse d'avoir reculé mon voyage que vous me recommandez de relever les noms de ses camarades. Ce que j'ai fait car je suis allé le 10 avec la dame de la petite ferme.

Chère Madame j'ai retrouvé votre cher fils non, pas sur la montagne il est dans la montagne du potager près du chemin ou que nous sommes descendus des tombes boches ou que je vous ai dit avoir couché que de peine et de joie en le trouvant, la peine que j'ai éprouvée et que être si près de lui peut-être à 150 ou 200 m de lui, oui madame il est loin ; comme on vous l'a dit le première des 3 et son casque sur sa poitrine il est percé 8 petits trou de balle sur le côté gauche et par derrière

Ces croix dans le boyau il y en a 1 il est reconnu non pas par les fleurs ni couronne par une plaque sur une petite croix en

230

bois que la famille ont fait faire la plaque et en cuivre et faite en cœur et de l'autre côté des 3 sur la droite de votre fils il y a un il y en repose dans lequel je vous joindre les noms des 9 camarades chère Madame comme je connais le faiseur de bières, à mon retour à Vic j'ai causé avec lui et lui ai demandé si il pourrait mettre votre cher fils dans le cimetière de Morsain ; sur ses demandes, il m'a répondu que non, qu'il remette les corps dans une bière en secret et les remette dans leur fosse que pour l'enlever dans un cimetière qu'il fallait une autorisation du préfet du département et ne pense pas que le préfet autorise à le faire, qu'il faudrait 4 ans pour enlever les corps pour les remettre chez eux avec des bières en chêne et plombé ; je vous dire Madame que tous les jours je vois passer ces hommes avec la bière et la voiture qui les conduit si on avait pu les mettre dans le cimetière de Morsain je vous l'aurais fait mettre sur mon père qui est mort depuis 23 ans, il est dans une fosse commune près de mes enfants et mon mari dans une place à vie mais chère Madame si il faut qu'il repose où il est en ce moment pendant les 4 ans, comptez sur moi pour arranger sa tombe et porter les fleurs de tous les saisons ; mon prochain voyage près de lui j'ai de prêt la fleur de…, le perce-neige que je n'ai pu porter ces fois-ci puisque je ne savais pas si je le trouverai ; permettez Madame ces vous commander si vous le ferez mettre dans une bière, Je vous prie d'avancer votre voyage si vous le pouvez puisque c'est en secret que l'on le fait ; comme en ce moment il ne circule personne dans les champs cela sera plus facile et si vous venez vous voudrez bien me prévenir en avance pour que je puisse être à votre disposition.

je vous dire que je ne suis plus à la même maison je demeure plus loin dans la petite maison de derrière à droite que je regrette de n'avoir pu monter jusqu'à les canaques boches de l'état-major puisque c'est là que repose votre cher fils recevez Madame et Mademoiselle l'assurance de ma parole à ce que je m'offre à… près de votre cher disparu non pas le 20 août c'est le 18 sur tout les 10 croix

NDLR : Il semble donc bien se confirmer que la mort est survenue le 18/08/18, et qu'il y a bien eu tentative d'exhumation clandestine du corps ce qui semblait se faire assez fréquemment, dans le plus grand secret.

<u>Vic-Sur-Aisne le 14 janvier 1919</u>
Madame et Mademoiselle en réponse à votre lettre du 8 janvier reçue aujourd'hui 14 sur laquelle vous avez joint 20 Fr. pour que je prenne une voiture je vous dirai Madame que ce n'est pas la longueur du chemin qui me faisait reculer le voyage, ce recul est que je savais le plateau de la montagne difficile à circuler par le mauvais temps par les trous d'obus et les boyaux et tranchées et les fils de fer barbelé puisque je le crois sur la montagne, oui madame, que de peine lorsque je l'ai retrouvé je me suis dit étant si près de lui et rien pour monter jusqu'à lui et par ma croyance que mon protecteur me commande d'y monter comme il m'y a conduit le 10, inutile de revenir sur ma lettre du 10, jour que j'ai eu le bonheur de retrouver ces chères tombes par votre lettre du 8 je suis en vous entendant et vous remercie de votre générosité envers moi mais croyez bien que je le fais pas par intérêt car je prends peine à toutes les familles comme vous je crois que c'est heureux que vous avez reçu ma lettre du 10 dans lequel je vous joins tout ce que j'ai pu recueillir pour votre cher fils ; le même jour des amis sont allés en reconnaitre un des 8 qu'il reste pas reconnu, que c'est triste de voir ces tombes mais encore bien plus triste celui qui est dans le boyau sans tombe ; on croirait un éboulement si ce n'était que la croix qui vous dit c'est une tombe .
Recevez Madame et demoiselle toute la confiance de ma parole dans lequel vous pouvez compter tout à vous

Signé Laquoi

Vic-sur-Aisne le 19 janvier 1919 lettre du menuisier du village qui propose un devis circonstancié
Madame, je viens de recevoir votre lettre par Mesdames Laquoi, pour un cercueil en chêne zingué comprenant l'exhumation et la réinhumation, ça vous coûtera 440 Fr. vu les difficultés pour avoir les marchandises je ne puis vous les faire à moins. Si vous acceptez les conditions, veuillez m'en informer. L'opération ne pourra être faite que dans la deuxième semaine de février en conséquence vous voudrez bien me fixer la date que vous aurez choisie.
Veuillez agréer mes civilités confraternelles signées Desjardins menuisier à Vic-sur-Aisne

Vic-sur-Aisne le 11 mars 1919 : lettre du menuisier
Madame, part suite à votre lettre du 7 mars, vous pouvez venir à partir du 17 courant ; veuillez me prévenir le jour que vous viendrez afin que tout soit prêt. Je crois vous avoir donné les prix : le cercueil en chêne 180 Fr., le cercueil en zinc 180 Fr., si vous voulez une enveloppe pour garantir le chêne en bois blanc 60 Fr. Pour l'exhumation vous aurez à vous entendre avec le voiturier qui mènera le cercueil à destination, on partirait de très bonne heure pour ne pas être vu *(confirmation de la nature clandestine de ce type d'opération)*. Vous pourriez apporter un drap et une fiole de désinfectant.
En attendant vos ordres, je vous prie d'agréer mais civilités.
Signé Desjardins

NDLR : *il est stupéfiant de voir que mon arrière grand-mère était prête à contrevenir à l'interdiction faite par les autorités*

233

de rapatrier dans leur commune d'origine les corps des soldats tués; ceci ne pouvait se faire que clandestinement, comme cela est drôlement raconté dans le livre « au revoir là-haut » de Pierre Maitre (prix Goncourt 2014) et qui correspond bien évidemment à la réalité ; la suite m'apprendra que mon arrière grand mère a finalement renoncé à son projet et le corps de Grorges n'a été officiellement enterré à Tournus qu'en 1921 (comme l'atteste le faire part). En effet, ce n'est qu'à la fin de l'été 1920 que le gouvernement français a autorisé le rapatriement des corps dans leur commune d'origine.

Les familles DEMORTIÉRE, COLAS et MIARD rappellent á votre pieux souvenir

Georges DEMORTIÈRE,

Téléphoniste au 167ᵉ d'Infanterie, Décoré de la Croix de Guerre,
Mort pour la France à MORSAIN (Aisne) le 18 Août 1918,
à l'âge de 22 ans,

Et vous prient d'assister aux Service et Inhumation qui auront lieu le Jeudi 3 Mars 1921, à DIX heures du matin, en l'Abbaye de Saint-Philibert de Tournus.

De Profundis !

Tournus — Imp Vvᵉ L. Scheqck

Vic-sur-Aisne le 19 avril 1919 *(lettre extrêmement difficile à déchiffrer ce qui explique les nombreux blancs)* bien chère Madame et demoiselle, en réponse à votre lettre du 14 vous me dites que Monsieur et Madame votre frère et belle-sœur sont passées pour me dire au revoir je sais que ces messieurs et Madame sont descendus à ma petite maison à Vic mais j'étais à Morsain comme ces messieurs et j'étaist à leur passage à leur retour dans le village comme je comptais sur leur passage à pied dans le village puis suis été à pied en passant à l'église et moi à 100 m plus bas alors est-on remonté je n'ai pas non plus à leur passage près de moi leur renouveler ma promesse pour le soin de la tombe de votre cher fils car par le bruit de la voiture et le passage des boches en ce même moment je n'ai pu me faire entendre par le conducteur mais comme je savais votre cher fils mis en bière le jeudi (*une mise en bière clandestine aurait-elle quand mème eu lieu ?)* je pense je ne suis rendu près de ces chères tombes et finir de la parer car les metteurs en bière avaient refaits la tombe et fait un petit cadre en planches et remis les maigres fleurs que je lui avais mises et lui et... ..*(illisible)* ce carré de fleurs et refait le devant du carré ; je sais que Monsieur votre frère a emporté le casque il me l'ont dit, vous pouvez compter sur moi pour votre tombe je ferai mon devoir et cela sera ma sortie le plus souvent que je pourrais surtout que je reste à Morsain et lui porterai les fleurs de toutes les saisons vous pourrez venir quand vous voudrez et sans m'avertir vous verrez par vous-même qu'il n'est pas seul, qu'il a près de lui une amie avec l'espoir que vous prendrez

bonne note de moi et contente, recevez Madame et Mademoiselle tous mes sincères remerciements de votre bonté pour le peu que j'ai fait pour vous
votre dévoué serviteur
Signé Laquoi

Original d'une lettre de Mme Laquoi reproduite ci dessous

Morsain le 8 novembre 1919
Madame et demoiselle en réponse à votre lettre et je vous en
remercie bien sincèrement de votre bonté et des frais que je

vous ai causés je vous en sais reconnaissance et crois que ça me suffira en cas de besoin.

J'ai retardé de vous répondre c'est que je voulais laisser passer les fêtes de la Toussaint et pouvoir vous dire que je vous ai remplacé près de la tombe de votre cher fils et surtout vous savoir si loin de lui de son corps et si près du cœur et de penser c'est un devoir que je lui fais de cœur .Vous me parlait des relèvements des corps de ces tombes, on n'en parle pas encore mais reposez votre confiance sur moi pour s'il y avait des nouvelles à ce sujet. Je vous le ferai savoir le plus vite possible avec l'espoir que mon griffonnage vous trouvera vous et ma demoiselle en bonne santé.

Recevez toutes mes condoléances et remerciements

Signé Laquoi

Epilogue

Le coût de ce terrible conflit, tant humain que financier, apparait exorbitant :

1) **Le coût humain** : le bilan humain mondial fait état de 9.7 millions de tués, 21.2 millions de blessés, 8.9 millions de civils tués soit une moyenne de 6221 tués par jour !

Pour ce qui est de la France, les statistiques font état de près de 1.5 millions de morts ou disparus, (ces chiffres comprennent les soldats d'Afrique) soit 18% des effectifs totaux, ce qui est considérable; on compte également 3.4 millions de blessés dont beaucoup décèderont dans les années suivantes. La Russie a également payé un lourd tribu avec 2 millions de tués, même chiffre pour l'Allemagne.

Le pourcentage de morts ou disparus parmi les mobilisés des différentes nations engagées montre d'importantes disparités :
Serbie: 38%, Roumanie: 25%, France: 18%, Grande Bretagne: 12%, Belgique: 11%, Italie: 10%, Russie: 10%, Etats Unis: 2.5%
Turquie : 25%, Bulgarie : 22%, Allemagne : 16% , Autriche Hongrie : 12%

Si la plupart des pays ont cherché à minimiser le nombre des victimes, dans le but d'apaiser l'opinion publique, ce n'est pas le cas des autorités américaines qui recensent 110000 à 120000 morts alors que 35000 ont en fait succombé à la grippe espagnole dans les hôpitaux des Etats Unis et n'ont jamais traversé l'Atlantique…

2) **Le coût financier** donne également le vertige :
Le petit Journal illustré du 31/08/19 estime à 1005 milliards de francs le coût de la guerre pour l'ensemble des alliés.
Le même Petit Journal illustré du 25 Juillet 1920 révèle que le coût global pour la France est estimé à 7 milliards de francs par mois !
Cette somme colossale explique l'acharnement des diplomates français à tenter d'obtenir réparation de l'Allemagne, source d'interminables conflits lors des discussions du traité de Versailles en 1919, et dans les années suivantes avec l'opposition très ferme du président américain Wilson, qui, en

239

voulant préserver l'Allemagne, espérait un nouvel équilibre Européen, sous le contrôle de la SDN
On connait la suite.

Citons le rapport général de Mr Henry Chéron, au nom de la commission des Finances de 1920 :
« Si l'Allemagne paye, nous sortirons de nos difficultés financières, malgré les charges colossales que la guerre nous a léguées; si elle ne paye pas, le problème financier est insoluble. C'est dire qu'aucune transaction n'est possible sur la créance de l'Allemagne. Il faut exiger, à l'aide de toutes les contraintes nécessaires, qu'elle paye les pensions et les dommages, dussions-nous nous emparer directement de ses richesses, nous ne ferons que prendre ce qui nous appartient »

Dans cette même publication figure un texte humoristique :
« L'Aigle noir (Allemagne) se jettera sur le coq (France) qui perdra beaucoup de plumes mais frappera de son ergot ; il serait bientôt beaucoup épuisé sans l'aide du léopard (Angleterre). L'aigle noir perdra sa couronne et mourra dans la solitude et la démence. Alors commencera une ère de paix et de prospérité pour l'univers. Il n'y aura plus de guerre ».

20 ans plus tard, nouveau conflit mondial !

Le premier sentiment que j'ai ressenti à la lecture de ces lettres est un sentiment de colère et d'incrédulité : comment ces hommes dans la force de l'âge ont-ils pu supporter de telles conditions de vie? Comment a-t-on pu infliger de telles tortures physiques et morales à toutes ces générations, véritablement sacrifiées pour un conflit dont les historiens se demandent encore quelles étaient les véritables causes et enjeux; je suis sidéré de voir l'incroyable acceptation de tous ces jeunes, toutes nations confondues, et je reste perplexe sur le nombre finalement très restreint de mutins au cours de la terrible année 1917, où des généraux sans scrupules ordonnaient l'offensive à outrance, faisant de ces malheureux de la véritable chaire à canon.

Le 167ème régiment d'infanterie est parmi les 15 régiments les plus mortifères de la première guerre avec 2913 hommes tués, soit l'équivalent d'un régiment complet...

Je suis également surpris par la pudeur de ces lettres, car, malgré la sauvagerie des combats, le soldat Georges Demortière ne mentionne jamais avoir tiré un seul coup de feu ni tué un seul soldat allemand. Peut-on imaginer qu'il ne se soit jamais servi de son arme ?

675 soldats français ont été fusillés pour désertion, mutinerie ou refus d'obéissance, surtout en 1914 et 1915 ; en 1917, en réaction aux attaques meurtrières commandées par le Général Nivelle, sur 554 mutins condamnés, 49 ont été fusillés, les autres, pour la plupart ont été graciés par le président Poincarré.

Les chiffres exacts semblent difficiles à établir avec certitude ; en effet, d'après J. Dintilhac , (1929) il y eu 923 exécutions sur 3046 condamnations à mort (annuaire statistique de la France de 1923)

Il paraitrait légitime que tous ces malheureux soient réhabilités sans discussion aucune.

Gardons la mémoire de tous ces sacrifices, avec une immense compassion pour toutes les victimes et leur famille.

ANNEXE

Famille Miard-Demortière :

Françoise (dite « Fanny ») Demortière , née Miard, mère du soldat Georges, née en 1876. Décédée en 1969

Léon Demortière, père de Georges , né en 1867, décédé en Avril 1917

Jules Miard (Jean pour l'état civil) né en 1886 décédé en 1967

Simone Miard, épouse de Jules (?)

Marguerite Miard, leur fille dite « la Guite » décédée en 1999

François Miard, quincailler , frère de Fanny, associé de Léon, né en 1851 , mort en 1940

FAMILLES
MIARD ET DEMORTIERE

Marie MIARD
1878 - 1902

Jean MIARD
1917 - 1919

Jeanne Marie MIARD
née BOUILLON
1857 - 1924

François MIARD
1851 - 1940

Leon DEMORTIERE
1867 - 1917

Georges DEMORTIERE
Mort pour la France
à Morsain 'Aisne'
18 Aout 1918
a l'âge de 22 ans

Françoise DEMORTIERI
née MIARD
1876 - 1969

DE PROFUNDIS

GILBERT JOYON
1864 - 1951

MARGUERITE MIARD
1914 - 1999

JEAN MIARD
1886 - 1967

LOUISE MIARD
NÉE JOYON

20 Juin 1916

Chers Parents,

Je viens de recevoir la
lettre de la maman et
la carte de la quite.
Je suis toujours le
même, je bricolle
comme ça pour le
moment. La 15e division
vient d'être relevée
nous sommes toujours
là pour le moment.
J'ai changé ma

25 Mai 1917.

Chères Maman et Sœur

Je n'ai pas reçu de vos
nouvelles hier et avant-hier
mais je pense bien que vous
êtes toujours en bonne santé
pour le moment, comme moi
du reste.

Que faites-vous, avez-vous
reçu des nouvelles du
sulfate ? Je crois que
les marchandises de Lyon

Vic-sur-Aisne le 11 mars 1919

Madame

Par suite à votre lettre du
7 mars, vous pouvez venir à
partir du 17 courant veuillez
me prévenir le jour que vous viendrez
afin que tout soit prêt.
Je crois vous avoir donné les prix
le cercueil en chêne 180 f., le cercueil
en zinc 180 f. Si vous voulez une
enveloppe p.r garantir le chêne en
bois blanc 60 f. pour l'exhumation
vous aurez à vous entendre avec le
voiturier qui mènera le cercueil à
destination

Le 4 Septembre 1918

Madame,

Je viens de recevoir à l'in[stant]
votre lettre me demandant des
détails sur la malheureuse destin[ée]
du pauvre Georges.

Je me fais un plaisir de
pouvoir vous donner tous les renseign[e]
[m]ent vous me demandez.

Le 18 Août, vous montions à
l'attaque du village de Mors[ain]
(Aisne) à 5 heures du matin, heu[re]
[o]ù il a été tué. Pa[uvre]

Vic-sur-Aisne le 19 Janvier 1919

Madame

Je viens de recevoir votre lettre
par Mr & Mme Cayoi, pour
un cercueil en chêne zingué compris
l'exhumation et la réinhumation
ca vous coûtera 440 francs
vu les difficultés pour avoir les
marchandises je ne puis vous le
faire à moins. Si vous acceptez
les conditions veuillez m'en
informer. L'opération ne pourra
être faite que dans la 2ème semaine
de février; en conséquence vous
voudrez bien me fixer la date que
vous aurez choisie.

Moisain le 19 avril 1919

Bain Cher Madame et demoi

en réponse a votre lette du 14 vous m
dite que monsieur et madame votre f
et belle seure non pan pue me dire a
revoir je tai que ces mésieur et madam
son décendu a ma petite maison a vic
mai fête a morsain comme ces mésieu
et fite a leur pasage a leur retau
den le vilage comme je conté leur
pasage a pies den le vilage pui qui
ete a pies en pasan a leglise et ne
a 100 metre plue bas alor etens remont
je nai pan non plue a leur pasage p
de moi leur renouvelé ma promese
pour le soin de la tombe de votre cho
fils car par le bruit de la voiture
et le pasage des boche en ce meme m
je nai jan me baire entendr
condu teure aussi

Morsaine 8 Novembre, 1919

Madame et Demoiselle

en réponse a votre lette.
et je vous en remecie
bain seinseremens de votre
bonté et des frè que je
vous ai cause je vous en
serai reconaisense et croi
que ca me sufira en
ca de bessint,
j'ai retardé de vous répondre
ces que je voulai lèses
pasé les bete de la
tousain et pouvoir

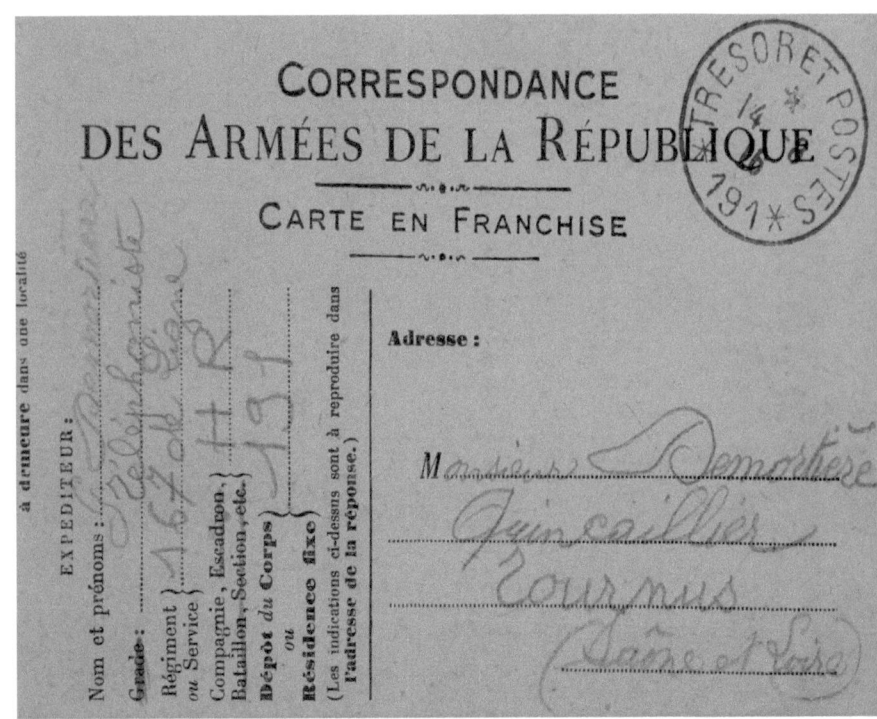

CORRESPONDANCE
DES ARMÉES DE LA RÉPUBLIQUE

CARTE EN FRANCHISE

EXPEDITEUR :

à demeure dans une localité

Nom et prénoms : *Delphonse Demarbre*

Grade :

Régiment
ou Service } *167 du 2e* H R

Compagnie, Escadron,
Bataillon, Section, etc. }

Dépôt du Corps } *191*
ou
Résidence fixe }

(Les indications ci-dessus sont à reproduire dans
l'adresse de la réponse.)

Adresse :

M *onsieur Demartière*

Quincaillier

Tournus

(Saône et Loire)

252